产业园区管理创新与运营实践

主编　陈怀锋　毕功兵　邓帮武
编委　李广宏　范恒森　陆维福
　　　杨岸峰　唐德根　曾金结
　　　张显宝

中国科学技术大学出版社

内容简介

本书介绍了园区全流程落地的操作实践，全景式展示了园区全貌、全生命周期运营管理的基础体系等内容。全书通过大处着眼、小处着手的方式，用"微创手术疗法"透视产业园区，以产业园区的落地流程为明线，以园区构成要素为暗线，在阐述产业园区生成逻辑的同时，慢慢掀开园区的面纱。

本书适合政府领导、各类园区从业者阅读，也可作为大型企业跨界转型和金融机构了解园区的辅导读物。

图书在版编目(CIP)数据

产业园区管理创新与运营实践/陈怀锋，毕功兵，邓帮武主编.—合肥：中国科学技术大学出版社，2023.10(2025.5重印)
ISBN 978-7-312-05758-8

Ⅰ.产⋯　Ⅱ.①陈⋯ ②毕⋯ ③邓⋯　Ⅲ.工业园区—经营管理—研究—中国　Ⅳ.F424

中国国家版本馆 CIP 数据核字(2023)第 151961 号

产业园区管理创新与运营实践
CHANYE YUANQU GUANLI CHUANGXIN YU YUNYING SHIJIAN

出版	中国科学技术大学出版社 安徽省合肥市金寨路 96 号，230026 http://press.ustc.edu.cn https://zgkxjsdxcbs.tmall.com
印刷	安徽国文彩印有限公司
发行	中国科学技术大学出版社
开本	880 mm×1230 mm　1/32
印张	9.375
字数	193 千
版次	2023 年 10 月第 1 版
印次	2025 年 5 月第 2 次印刷
定价	49.00 元

前　言

作为产业园区运营管理领域的一名老兵,这些年的职业经历中有几件事情让我印象深刻。第一,在汗牛充栋的图书里,关于产业园区的专业书籍屈指可数,有关内容也乏善可陈。第二,这个行业的专业团队专业高度不够,园区运营团队对产业园区的理解往往止于一孔之见,现象观察如同盲人摸象。第三,某些地方的产业园区成功的案例不少,失败的案例更多。我起心动念写书的初衷,不是为了证明我比其他人更专业、更深刻,而是希望能够唤起更多人对产业园区的再思考、再认识、再定义。

前些年一次培训中,有人向我提问:怎么能够更快更好地理解、掌握产业园区的知识?我说理解产业园区应先从构建自身的知识结构开始,既要成为某一领域的专家,还要成为"除了专业不懂,其他都略知一二"的杂家;既有一定的理论素养,更要有全流程操盘的实践经验;相对于广博的知识,融会贯通、集成转化的项目操作能力更难能可贵。

对产业园区的认识可以其具有的三重属性为起点。第一,产业属性。没有产业的园区就如同没有灵魂的躯体。我们平时所称呼的生物医药产业园、汽车零部件产业园、广告创意产业园等,都是以产业特征来界定的,也可以说产业和园区之间是"骨肉相连"的关系。第二,金融属性。产业园区从诞生的那一天起,就与金融有着千丝万缕的联系。作为投资标的,产业园区具有良好的保值性和增值性。作为融资主体,产业园区可联结绝大多数主流金融产品。产业园区具备的承载能力和吸附功能,能够为金融创新和应用提供丰富的应用场景。第三,工程属性。产业园区不会从天而降,而是拔地而起的。园区的建设也不可能一蹴而就,工程建设对园区全生命周期都有着不可或缺的影响。工程属性意味着产业园区要遵循工程建设的底层逻辑,工匠精神赋能产业园区同样弥足珍贵。

本书写作未能一气呵成,其间过程几番周折、断断续续。既有对本书写作结构重新调整的原因,也有颈椎病复发、伏案受限的因素。说来也是巧合,内容写作停摆期间,经历了行业内正反两方面的几个典型案例,再次验证了知识无价、经验是宝的古训。这种可遇而不可求的行业经历,让我有"龙场悟道"般的顿悟之觉,遂下决心奋笔疾书,一了多年未遂心愿。

理论是灰色的,而生活之树常青。我们愿和业界同仁一起在产业园区的落地实践中,以许许多多的"微"创新和"点"突破,深化园区运行机制的认知,努力探寻园区落地运营的最优解。

编者

目 录

前言 ……………………………………………………………… (i)

绪论　产业园区概述 …………………………………………… (1)

第一章　园区选址 ……………………………………………… (4)
　第一节　区位决定型 …………………………………………… (4)
　第二节　龙头拉动型 …………………………………………… (6)
　第三节　要素集约型 …………………………………………… (8)
　第四节　政策驱动型 …………………………………………… (9)

第二章　园区土地 ……………………………………………… (12)
　第一节　园区土地规划 ………………………………………… (12)
　第二节　园区土地开发 ………………………………………… (15)

第三章　园区产业定位 ………………………………………… (21)
　第一节　园区落地流程 ………………………………………… (21)
　第二节　产业定位原理 ………………………………………… (22)
　第三节　产业策划实务 ………………………………………… (32)

第四章　园区规划设计 ………………………………………… (97)
　第一节　园区规划原则 ………………………………………… (98)
　第二节　园区设计原则 ………………………………………… (104)
　第三节　策划、规划与设计之间的联系与区别 ………………… (106)
　第四节　园区规划设计管理 …………………………………… (110)

第五章 园区招商 (114)

第一节 园区招商方式 (115)

第二节 招商活动管理 (116)

第三节 招商问答实录 (122)

第四节 招商业务管控 (126)

第五节 园区竞品调查与资产定价 (134)

第六节 园区资产租售管理 (152)

第七节 园区招商案例 (156)

附录 园区资产租赁合同 (159)

第六章 园区运营 (174)

第一节 园区运营概述 (175)

第二节 园区运营原则 (176)

第三节 园区运营目标 (177)

第四节 园区运营保障 (178)

第五节 园区运营盈利模式 (180)

第六节 园区运营服务体系 (181)

第七章 园区融资 (195)

第一节 PPP 模式融资结构 (196)

第二节 PPP 模式融资流程 (198)

第三节 PPP 模式园区融资案例 (203)

第八章 园区风险 (220)

第一节 政策风险 (221)

第二节 合同风险 (222)

第三节　融资风险 …………………………………… (238)

　　第四节　招商风险 …………………………………… (240)

　　第五节　运营风险 …………………………………… (242)

第九章　园区品牌营销 ……………………………………… (244)

　　第一节　园区类别 …………………………………… (245)

　　第二节　园区模式 …………………………………… (247)

　　第三节　园区品牌 …………………………………… (249)

　　第四节　园区营销活动 ……………………………… (253)

　　第五节　园区品牌与舆情管理 ……………………… (258)

第十章　园区绩效考核 ……………………………………… (263)

　　第一节　考核内容 …………………………………… (263)

　　第二节　考核指标 …………………………………… (265)

　　第三节　考核的科学性与有效性 …………………… (267)

　　第四节　考核标准 …………………………………… (268)

后记 …………………………………………………………… (289)

绪论　产业园区概述

关于什么是产业园区,可谓千人千语,众说纷纭。联合国环境规划署(UNEP)曾经给产业园区下过定义:产业园区是一片土地上聚集若干工业企业的区域,该区域要进行详细的区域规划、制定中长期的发展战略和产业政策、对入园企业有限制性要求、能为园区企业提供必要的运营管理支持等。然而,对一般人而言,产业园区、开发区等名词既熟悉又陌生,仅知其概要,不懂门道,难以准确描述园区画像。

如进一步分析,按园区发展的主导产业,可分为农业产业园、现代服务业产业园和工业园区三大类。按投资主体,园区可分为政府主导型、企业主导型和政企合作型三类。在发展方向上,产业园区呈现出以下主要演变趋势:第一,从单一生产职能逐步向生产、生活、生态"三生融合"的复合型职能转变。第二,从注重外延式扩张到更关注内涵式发展的转变。随着土地要素约束的加剧,亩均论英雄理念的提出,产业园区"跑马圈地"的扩张时代行将结束,园区高质量发展、内涵式增长将成为主旋律。第三,产业园区加速从重资产向轻资产、从人治向法治转型,园区运营管理更智慧、建设方式更绿色、产业环境更友好。

此外,产业园区与开发区也不是同一个概念,园区产业集中度更高、集群化特征更鲜明,一般无行政级别。开发区更像是产业综合体、产业社区,都有一定的行政级别,可承载若干个子产业园,这些产业园被称为"园中园"。以长三角地区为例,现有省级及省级以上开发区 490 家,包括国家级经开区 65 家、国家级高新区 105 家和省级经开区 320 家。产业园区和开发区不仅是地方经济发展的主阵地、创新驱动的策源地,更是各地经济发展质量优劣的分水岭。也可以说,一个地方的当代经济发展史,就是半部产业园区成长史。

这本书的基础素材大都来自实践总结和工作积累,内容收集和整理较为顺利,关于书名和框架结构反倒纠结了好一阵子。正常情况下,是先定书名后定目录,最后进行内容起草和案例选编。本书反其道而行之,在主要内容基本定稿后,才反复推敲倒推定下书的基本框架。主要是章节之间有机相连,内容编排取舍各有其理,难以准确各归其类。

回头再看,原有的雾里看花、水中望月,终究还是"看山仍是山,看水还是水"。本书没有大开大合,而是通过大处着眼、小处着手的方式,以期用"微创手术疗法"透视产业园区。本书中,我们以产业园区的落地流程为明线,以园区构成要素为暗线,"一明一暗"两条线索,在阐述产业园区生成逻辑的同时,慢慢掀开园区的面纱。

第一章是"园区选址",通过选址了解园区的分布规律,懂得园区如何选址就等于拿到了打开园区大门的第一把钥匙。选址之后就是"园区土地",即第二章。与园区打交道,土地是绕不开的话题,二者之间也不是简单的相加关系,园区土地不等于"园区+土地"。这一章内容矫正了一些似是而非的说法和观点,让知识回归常识。第三章"产业定位"是着墨较多的一章,产业定位近则影响客户评价和项目成败,远则直接关乎园区品牌和项目收益。做好园区产业定位如同扣好第一粒扣子一样重要,其影响贯穿园区全生命周期。一个不懂产业定位的园区人,永远都是行业的门外汉。从产业定位到园区规划设计(第四章)是自然延伸、一脉相承的。产业定位是园区规划设计之"锚",没有产业定位的园区规划就如黑箱抓球。定位在前、规划在后,定位是蓝图,规划是施工图。第五章是"园区招商",招商的重要性无论怎么评价也都不为过。园区招商是个系统工程,需要奉行长期主义,与时间为伍,绝非一朝一夕就能实现。本章内容涉及招商方式、招商活动管理、招商问答实录、招商政策制定以及招商案例等,可让读者对园区招商有个全面认识。招商落地需要园区运营,运营原则、运营目标和运营服务体系是支撑起第六章内容的三角支架。第七章是"园区融资",通过一个完整融资案例的展示,使读者掌握园区融资的关键要点。所谓隐患险于明火,第八章"园区风险"中谈到的类似观点是"园区最大的风险是没有认识到它会成为一个风险点"。在园区风险的界定中,我们秉持风险中性原则,通过政策、融资、招商和运营"四维"方式,全景式、全周期识别园区风险,做到心中有数、未雨绸缪。第九章通过分析不同合作模式和园区类别,探寻园区品牌营销的方法路径。最后一章是"园区绩效考核",其目的是借助考核"回头看",总结园区发展中正反两方面的经验和教训,达到警醒和复盘的目的。这也是笔者多年实践的系统归纳和完整总结,为园区从业者提供了可资参考和基本遵循。

第一章　园区选址

园区选址是近些年才出现的新命题。早期园区的选址没有太多约束，选址的科学性也不够，大多考虑到城市的距离、方位，适度考量风向、周边配套等粗线条因素。甚至可以认为，园区一开始只是"被选择"，园区科学选址规律和特点只是随着时间推移和对产业发展规律的认知才逐渐被重视。

园区选址可分为区位决定型、龙头拉动型、要素集约型、政策驱动型以及混合型等几大类。

第一节　区位决定型

本书前言中曾说产业园区具有产业属性、金融属性和工程属性三重显著特征，除此之外，产业园区还有一种"弱属性"，即地产属性。地产人有一句口头禅：做园区，区位、区位还是区位。区位决定品味，品味决定价位。产业园区的地产属性意味着区位对园区选址有着决定性影响。

以京津冀、长三角、大湾区等核心城市群为代表，这些区域经济一体化程度高，产业创新能力强，产业外溢效应大。园区选址所遵循的逻辑是近水楼台先得月。在一线城市的毗邻地区，落子布局与核心城市错位发展、规模适度的产业园区,甘当配角,就是"靠天收"也不会发展得太差。正像昆山介于上海和苏州,武清(区)卡位于北京和天津,大树底下好乘凉,在大机遇面前,在产业成长所需的肥沃黑土地上,只要"春种一粒粟",就能"秋收万颗子"。

以华夏幸福的河北固安产业园区为例。当年该园区曾以"天安门正南50公里"这一句颇具感召力的广告语,率先成为环京津冀周边一个承接北京产业外溢的示范园区。从规划设计、产业定位、产业政策到园区运营,找到了项目成功的独特密码。固安产业园区的成功在于把握了时代机遇,精准预见区域发展战略和产业转移的周期性规律,项目选址决策踩在了时代的鼓点上。

固安产业新城项目简介

固安产业新城位于北京天安门正南50公里,距离北京大兴国际机场10公里,距离雄安新区50公里,距离天津城区85公里,位于京津雄黄金三角的核心腹地,占据海淀-白洋淀"京雄科创走廊"的关键中心节点。

项目自建设伊始就坚持协调发展、环境优先的理念,以科学性规划,构建中国北方电子信息产业基地、中国北方汽车零部件产业基地、现代装备制造产业基地、城市核心区、生活配套区五大功能区域,倾力打造"产业高度聚集、城市功能完善、生态环境优美"的产业新城。

建区20年来,始终坚持"以产兴城、以城带产、产城融合、城乡一体"的新型城镇化道路,实现了"1+1>2"的效果,带动固安县域经济持续转型升级,步入发展快车道。

> 目前，固安产业新城积极围绕科技创新打造"313"产业体系：进一步壮大电子信息、航空航天、生命健康三大主导产业，实现产业发展龙头化；持续培育科创服务一大先导产业，以京南科创谷为载体，建设京南科创孵化策源地；加速发展临空服务、文体康养、现代农业三大特色产业，抢抓北京大兴国际机场全新机遇，创造性地走出一条"全球技术、中国创造、投资干预、创新孵化"的产业培育新路径。

第二节　龙头拉动型

我们有个合作伙伴计划在山东日照投资一个产业园区项目，经过实地考察调研，他们决定将产业定位为电子信息产业。按理说，在日照培育和发展电子信息产业，在区位条件和产业基础上并不具有显著优势，那么投资者为何会选择这么一个产业门类呢？这种选择看似随意，实则背后有深刻的产业分析，主要依据内外两个层面。

从内因上看，日照是韩国现代汽车在海外最大的汽车发动机和变速箱生产基地，每年拥有120万台发动机、100万台变速箱和几百万台汽车磨具的生产能力，其强大的汽车产能对下游汽车电子产业具有重要牵引力，是典型的"龙头+配套"模式。此外，长城汽车计划在当地投资年产超过30万台整车生产线,且相当比例为新能源汽车。新能源汽车不只是"沙发下面加四个轮胎"这么简单的组合,以电池、电机和电控三大件为代表,汽车电子在新能源汽车全产业链中占据重要地位。两家头部车企的产能布局,有利于汽车电子产业"近亲繁殖",对下游汽车电子产业的吸附作用更是不言而喻。相对传统燃油汽车,新能源汽车(NEV)的汽车电子占整车成本的比例在50%以上。汽车产业的轻量化、电动化、智能化和智慧化决定了汽车产业的电子化比例越来越高,汽车电子产业在日照发展具备坚实的基础和上下游匹配的融合性。

从外部因素来说,日照市距离具有"中国北方消费电子之都"美誉的青岛很近,两市地理相近、人文相通、经济相融,日照是承接临近产业转移的理想地。从互联网到移动互联网,再到物联网,消费电子是永不落幕的朝阳产业,并具有很强的渗透性、根植性以及迭代周期短等特性,有极大的成长空间。

此外,该投资商也参股、控股了相关消费电子企业,对关联企业具有较强的话语权。据不完全统计,双方合作开展仅半年多,合作方就梳理了具有明确投资意向的电子信息类企业达20余家。

一切围绕龙头转,一切围绕龙头干。园区科学选址的出发点和落脚点是为了更好实现产业集聚,龙头企业又是园区产业集聚的定海神针,从龙头企业出发做园区选址的文章固然不错,但这种机遇又可遇而不可求。

第三节　要素集约型

　　产业园区所依赖的要素无外乎有人才(力)、资本、产业、土地等,园区选址的背后逻辑是"产业选址"。产业选址注重的是产业生态,其中的单一要素又起着决定性作用。笔者工作中曾接触过不同类型园区开发的负责人,总体感受是,在亩均论英雄等政策约束的倒逼下,产业落地更加审慎,比对选择是常态考量,核心要素是优先考虑。比如,在河南新乡、安徽皖北等地,从2014年以来陆续落地了一批纺织服装企业,各地也顺势而为新建了不少纺织服装类产业园区。作为入园企业,不是看重当地税收、土地、水电费等常规性普惠政策,而是看当地能否解决足量且成熟的技工人才,招工即招商!没有技工人才就会导致招商难,招商不落地的园区选址就是最大的失败。作为纺织服装类园区,项目选址对单一要素(人力资源)的依赖性之强可见一斑。

　　安徽明光市(县级市)投资建设凹土①产业园,就是看重明光当地的凹土资源优势,形成了单一要素依赖。当地及周边地区有大大小小的凹土企业几百家,没有凹土资源,这些企业无法就地取材,企业生产就成了"无源之水、无本之木",凹土资源是凹土企业唯一的"奶源"。企业经历过躺着赚钱的黄金时代,当下环保、

---

　　① 凹土是一种稀土,被称为工业维生素。

土地、税收等政策执行要求越来越高,迫切需要企业转型升级。集中入园、就近入园,走"资源集约、要素集聚、产业集群"的路径势在必行。正是看准这一时机,加上当地不可替代的资源禀赋,瞄准后期企业导入的可实现性,凹土产业园项目应运而生。

实践证明,凹土产业园项目选址是明智的,项目建成之日就是企业入驻之时,基本实现了项目投资预期。凹土产业园项目总占地面积约200亩,建筑面积16万平方米,本土企业入住率接近90%。值得一提的是,在中小型企业普遍选择轻资产模式的当下,园区厂房的租售比为3:7,企业购买厂房的比例之高、意愿之强,超出园区投资者的预期。当从园区设计合理性、产业定位准确性、产业政策优越性等方面无法探寻到该项目成功的密码,点穴式的园区选址让投资者的决策成为一个正确的决策。

园区选址最朴素的逻辑就是一定要去要素资源密度最高的地方,如同到有鱼的地方捕鱼一样。要素依赖型园区或开发区,如煤化工、石化以及具有显著区域特性的资源型园区概莫能外。

第四节 政策驱动型

在我国园区发展的历程中,或多或少都有政策驱动的影子。比如,著名的苏州工业园区之所以有如此成就,除了自身优势以外,各级政府强有力的政策加码和政策引导也是重要原因。一般来说,市场化程度越高,政策驱动的因素越低。

政策驱动下的园区选址有这么两种情况。

1. 飞地经济园区

苏南地区是较早实行飞地模式的探索者,异地政府鼓励那些相互独立、经济发展存在落差的行政地区打破区划限制,进行跨空间、跨区域的合作开发。飞地经济,无一例外都是政策驱动的结果。飞地经济不是单方让利,目的是追求双赢,在更大范围内统筹分配生产要素,更有利于资源要素流动和经济价值释放。在上级政府主导下的飞地经济,飞出地输出产业、资本、理念、技术和专业管理团队,飞入地承担着征地拆迁、土地指标落实、土地供应、招工用工等职责,双方根据飞地园区的实际贡献,按一定比例进行合作成果分享(如税收等)。若飞地经济园区目标清晰、机制健全、合作顺畅、政策连续,不仅可以在一定程度上减少区域之间优惠政策比拼和恶性竞争,还能缩小地区发展差异、实现资源互补,最终达到"1+1>2"的合作初衷。

2. 合作共建园区

为推动南北均衡发展,推进跨区域协调互动,安徽省早在2012年就高规格成立了省政府皖北办和皖江办(副厅级),实行南北结对帮扶,合作共建产业园区。在安徽省委、省政府的高度重视和专职部门的强力推动下,亳芜产业园、宿马产业园、阜合产业园等市级南北共建产业园区应运而生,各类空间载体拔地而起。与此同时,在政策驱动下,县区级层面也开展产业联姻,参照市级做法"照猫画虎"。凤(阳)宁(国)产业园、临(泉)庐(阳)产业园、蜀(山)寿(县)产业园等纷纷涌现。合作共建园区与飞地经济园区有所不同,飞地经济园区市场化程度相对更高,合作成果由双方共享。合作共建园区由行政主导,通过干部的双向交叉任职、联合出资设立产业引导基金等方式,双方合作的深度和广度更高。合作共建园区发展成果一般由后发区域享有,政策单向反哺意图更加强烈。

我们不对现有园区的建设成效进行评价,这不是本节要讨论的话题,只是举例说明政策驱动是园区被动型选址中的客观存在。

第二章　园区土地

第一节　园区土地规划

一、土地利用总体规划的基本概念

土地利用总体规划，简称"土地规划"或"土规"，是在一定区域内，根据国家社会经济可持续发展的要求和当地自然、经济、社会条件，对土地的开发、利用、治理和保护，在空间和时间上所做的总体安排和布局，是国家实行土地用途管制的基础。通过土地利用总体规划，国家将土地资源在各产业部门进行合理配置，其关键词是"保护"和"平衡"。即既要严格保护耕地总量，保障粮食安全，端牢中国人自己的饭碗，又要控制建设用地规模，引导城镇用地合理布局，保障地方经济发展。在严格保护下发展，在发展中实现动态平衡，实行保育式开发。

土地利用总体规划分为约束性指标和预期性指标两类。其中，约束性指标分为耕地保有量、基本农田保护面积、城乡建设用地规模和新增建设用地规模等细分指标。预期性指标，分为建设用地规模、交通水利用地规模、其他建设用地规模、城镇工矿用地和农村居民点用地等。土地利用总体规划按用途把土地分为9个类别,分别是基本农田保护区、一般农地区、城镇村建设用地区、独立工矿区、风景旅游用地区、自然与文化遗产保护区、林业用地区、牧业用地区等。建设用地区按条件又有4个分区,分别是允许建设区、限制建设区、有条件建设区和禁止建设区。城市土地开发边界与建设土地分区图,参见图2.1和图2.2。

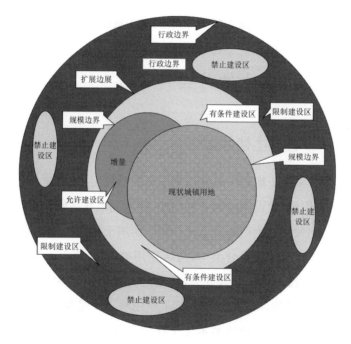

图2.1 土地规划"三界四区"

园区用地性质一般属于工业用地,或者是兼顾教育科研和商业的复合用地。

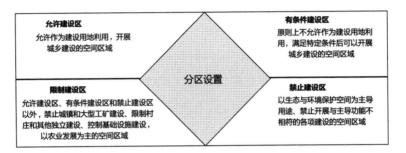

图 2.2　建设用地空间分区图

二、园区土地分类与征收

(一) 园区土地分类

国家关于土地利用总体规划中有明确规定,按用途分为三大类,即农用地、建设用地和未利用地,园区土地显然属于建设用地范畴。绝大多数生产制造型产业园区所属土地性质为工业用地。工业用地在土地大类分类中,与居住用地(R)、商业用地(B)、道路与交通设施用地(S)等并列,被划分为工业用地 M 类,一般又细分为 M1、M2、M3 三类。一类工业用地 M1 是相对优质地,对居住和公共设施等环境基本无干扰和污染。多数工业用地归类为 M2,其含义就是对居住和公共设施等环境有一定干扰和污染的工业用地。

在此,需要注意的是,工业用地细分种类归属,与产业类别并没有必然联系。比如,化工产业未必就是 M3,食品行业也不一定就是 M2。而是根据行业对环境所造成的影响和土地等级来评价和界定的。

(二)园区用地征收

园区建设用地,确需进行土地征收的,对征收范围和批准权限也有明确法律规定。园区建设用地需要由国务院批准的有下列情形:基本农田;基本农田之外的耕地超过 35 公顷的;其他土地超过 70 公顷的。

我们需对征地范围权限的法律约定,在涉及园区建设用地征收时,要审慎评估土地获取难度,为合理安排项目落地预留时间。

第二节　园区土地开发

一、土地获取方式

国有建设用地供应分划拨和有偿使用两类。供地方式共有 5 种:划拨、出让、租赁、作价出资(入股)、授权经营。在具体实践中,又以划拨和出让两种方式最为常见。土地出让又细分为招标、拍卖和挂牌出让共 3 种方式。不同合作模式下的产业园区土地获取方式略有不同,较成熟的做法有以下 2 种:

1. SPV 公司直接拿地

这种拿地方式与园区合作方式密切相关,比如在 PPP(政府和社会资本合作)模式下,需要成立项目公司,即 SPV 公司。SPV 公司作为园区项目的实施主体,理论上是项目的投(融)资、建设和招商运营垂直一体化的主体单位。在 SPV 公司组建且项目资本金注入后,由 SPV 公司直接进行土地摘牌。这种土地获取方式的好处在于,将项目所需土地使用权登记在 SPV 公司名下,不仅有利于项目融资,也有利于项目操作,便于办理项目施工所需的各种证件。

2. 协议转让方式

这是 PPP 模式下园区土地获取的一种间接方式。政府平台公司持有项目土地的产权,在 SPV 公司成立后,通过协议转让方式将项目土地平价转让到 SPV 公司。这种转让方式的优点很突出,缺点也很明显。优点是协议转让一般是净地,项目土地前期手续完善,转让交易能省去很多中间环节。缺点是协议转让会带来额外税费成本,即便多一道交易手续不产生增值税(平价转让无增值),但会有契税(税率为3%),契税无疑会让产权承受人增加支出成本。需要特别指出的是,协议转让的前提是土地获取经过了严格招拍挂程序,市场主体依法从政府方取得了土地使用权。协议转让是土地交易的"第二步",是两个平行市场主体之间的买卖行为,不直接涉及政府方。

笔者这里就园区土地经常用到的涉土地类专有名词做一下解释。

土地指标是上级国土主管部门根据土地利用总体规划，以总量控制和动态平衡为原则，结合区域经济、社会、人口和地域等综合因素，按年度下达给下一级可供使用的新增建设用地规模（见图2.3）。

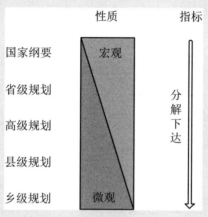

图2.3 土地指标分解图

土地增减挂是指依据土地利用总体规划和土地整治规划，将拟复垦为农用地的农村建设用地地块（即拆旧地块）和拟用于城乡建设的地块（即新建地块）共同组成拆旧新建项目区，通过土地复垦和调整利用，实现项目区内耕地数量不减少、质量不下降，耕地占补平衡，最终实现用地总量不扩大，土地利用结构和城乡土地资源优化配置的土地整治措施。

毛地一般是指在基础设施不完善，地上有建筑物或附着物，未经过拆迁安置补偿等土地开发过程，尚不具备基本建设条件的土地。一般与"净地"概念相对应。

生地是未经开发、不能直接作为建筑用地的农用地或荒地等土地。一般与"熟地"概念相对应。

熟地指相对具备较为完善的城市基础设施("三通"或"七通"),土地平整,经过招拍挂程序后能直接进行建设开发的土地。

"三通一平"的"三通"是指通水、通电、通路,"一平"是指土地平整。

"七通一平"的"七通"是指通供水、通排水、通电、通信、通路、通气、通热,"一平"是指土地平整。

二、园区土地使用

经济学家威廉·配第(William Petty)曾说:"劳动是财富之父,土地是财富之母。"土地的使用与财富的分配有着密切关系。土地是经济发展的基础载体,也是构成企业投资的重要组成部分。国家为支持实体经济发展,降低实体企业投资成本和短期集中投入压力,一方面将园区土地在使用年限上实行弹性"年期制",不再一刀切地固化50年土地使用期限。另一方面,"租让结合、先租后让"等园区灵活用地方式逐渐盛行。

此外,为体现园区土地集约节约利用的政策导向,亩均效益评价、最低容积率约束等各地都有明确规定。概括起来就是,园区土地使用在向用地方式灵活化、土地利用集约化、用地期限弹性化以及土地性质复合化"新四化"方向演变。为合理使用土地，避免企业跑马圈地，地方政府应确立按需供给、分期供地、以产定地的原则。"烙多大的饼配多大的锅"，做到精准供地、"点状供地"。

（一）园区用地投资强度

投资强度＝项目总投资额÷项目占地面积

项目总投资额＝园区厂房投资＋设备投资＋土地投资＋其他可计量的有效投入

现在很多地方推行"亩均论英雄"，即亩均效益评价，评价的核心是税收，其次是亩均投资，再次是亩均产值。比如，苏州"456"，即每亩税收不低于40万，每亩投资强度不低于500万，每亩产值不低于600万。依此类推，其他地区也有"345"，更有甚者执行"567"。需要注意的是，各地政府希望当地企业能同时满足三个指标，但实际情形是大多数企业能连续多年同时达到其中两个条件已属不易。

（二）园区土地价格

园区土地价格似乎只是一个（串）数字，但实际上，园区土地价格变化的背后，则是观察行业分化和发展走向的风向标。我个人观点是园区用地价格上涨趋势是不可逆的。拥有大量园区土地的企业，固定资产的价值自然也会水涨船高。除普洛斯等外资巨头外,国内企业如联东 U 谷、上海临港、天安数码城等产业地产商都囤有大量工业用地。绿地集团、招商局和五矿地产等传统房企和综合性企业,也纷纷进军产业地产,并向二三线城市渗透扩张。传统房地产市场深刻变革,逐步进入过剩时代。以园区为载体的产业地产悄然进入"量变到质变"的前夜,"存量过剩"与"增量扩张"现象交织。园区土地价格不会跳跃式上升,但会成为衡量园区资产价值的基础数据。业界有言:现在园区用地按亩交易,由于土地的稀缺性,注定不久的将来一定会按平方米出让。

(三)园区用地产证

园区用地产权分割各地规定不一致。以广东省为例,根据2018 年 9 月出台的《关于支持制造业发展的若干实施意见》,对于在符合规定、不改变用途前提下的工业物业产权,可以按幢、层等清晰固定的界面为基本单元,进行产权分割登记,并能办理交易和转让。这是国内比较明确的关于园区工业物业产权的制度性规定。

灵活的产证制度既有利于招引中小企业,也利于中小企业轻重结合的资产配置结构。这方面地方政府要顺水推舟、顺势而为,不要含含糊糊。"有恒产才有恒心",不是每家企业都是"钱多多",灵活的产证制度可以解决企业有想法、没办法的困境,广东的做法不会是个例,更不会成为"先烈",一定会成为行业先驱。

第三章 园区产业定位

第一节 园区落地流程

园区产业定位是产业策划报告的推理结论,也是产业园区项目落地进程的起点。所以,笔者在本章加上园区落地流程的"里程碑事件",以便看出园区落地是环环相扣的过程。当然,这些关键任务并非就要按部就班推进,也可平行实施。根据园区合作模式不同,有些关键任务是可选项,并非是必选项。

园区落地关键任务清单是指园区从前期谋划到落地的过程中,所需完成的关键节点事项,即里程碑事件(见表3.1)。

表3.1 园区落地关键任务清单

序号	项目阶段	关键任务	交付成果	拟完成时间	责任单位	备注
1	前期准备	产业调研与策划	产业策划方案			
2		项目可行性研究	政府立项批复			
3	采购阶段	投资合作协议签订	正式协议			
4		完成项目入库	入库目录			
5		项目公司注册	营业执照			

续表

序号	项目阶段	关键任务	交付成果	拟完成时间	责任单位	备注
6	资源获取	项目首批用地指标	政府文件			
7		项目贷款资金获批	贷审会通过			
8		重点项目材料申报	政府文件			
9	规划设计	概规方案	方案获批			
10		控制性详细规划	规委会审批			
11		修建性详细规划	规委会审批			
12		一期施工图设计	审图批复			
13	产业促进	制定产业专项扶持政策	政策印发			
14		首批意向入园企业签约	入园协议签订			
15	开发建设	施工组织计划编制	编制获批			
16		组织项目建设	"四证"办理			
17	运营管理	园区运营管理方案	方案获批			
18		园区运营绩效评价	全生命周期			

第二节　产业定位原理

产业定位既是科学，又是艺术。是科学，因为产业定位有轨迹可遵循,有规律可参照。是艺术,因为产业定位需要有历史眼光、艺术情怀,还要有硬核实力。

产业定位不仅是一门艺术,更是一门实践的艺术。产业定位的任何理论都不能直接产出关于园区产业定位的顶流作品,只有长期实践探索、厚实的产业理论以及相当的从业经验和行业认知,才有产业定位的精品力作。

产业定位的基本逻辑是漏斗式遴选:首先,定产业方向。比如是一产、二产、2.5产业还是三产,定的是传统产业还是新兴产业?定的是制造业还是现代服务业?

其次,定产业门类。如果定位二产制造业,要进一步分析是定位一般加工制造业还是高端制造业?一般加工制造业又是什么细分产业门类(食品加工、纺织服装、机械加工等)?若选择高端产业,又需明确具体做海洋工程、高速列车、航空器件等哪一个子领域。

最后,定产业环节。若要涉足汽车产业,就需要在传统燃油汽车、油电混合汽车和新能源汽车三者之间做出选择。按能源动力区分,若定位新能源汽车,又要审慎选择氢能源、锂电池或者铅酸电池为驱动力,选择的背后既有技术路线之争,又有价值判断之别。若定位传统燃油汽车,则需要选择是做整车还是汽车零部件。一部汽车直接零部件超过1万个,零部件涉及哪些具体环节(发动机、变速箱、汽车电子、汽车内饰等)?如要涉及飞机制造产业,一架飞机的零部件超过500万个,产业定位的选择更具挑战性。不管最终怎么抉择,产业定位一定要逻辑自洽,有明确结论。

本书关于园区产业定位按照夹叙夹议的方式进行,先抛出观点、亮出态度,再进行分析梳理,最后归纳总结。

一、产业策划遵循原则:"三定原则"

"三定原则"即区位决定类别,产能决定规模,人才决定产业。

前文有关于园区选址的叙述,园区选址背后与产业定位是一明一暗的关系。所谓区位决定类别,即不同的区位条件对产业选择有着决定性影响。产业对于区位的依赖性很强,"橘生淮南则为橘,橘生淮北则为枳",产业生态对产业类别具有塑造功能,产业类别则对区位和生态具有显著依附性,二者之间具有一定的伴生效应。比如,现代金融等现代服务业和生物医药、集成电路等高科技产业更是如此。产业定位一定要坚持实事求是,既不要人为压低,也不能好高骛远。一些地方政府一味追求产业定位的"高大上",脱离客观实际,到头来只能劳而无功。

产能决定规模很好理解,用通俗的话说就是"有多大的锅烙多大的饼"。产业园区体量要适中,不能贪大求全。不能有载体无内容,只有"饺子皮",缺乏"饺子馅"。若一个产业新城每平方千米少于1万人,则被认为是"空城";若一个产业园区企业入住率低于60%,则被认为园区空置率高;若动态入住率超过90%,则被认为是良性的。现在不少地方的开发区制定"满园行动"计划,意在减少空间的浪费和资产闲置。一些企业不顾实际,跑马圈地,一出手拿地动则几百亩,结果建成的大批厂房成了"死资产",不能产生增量贡献,反而成了企业和地方政府的包袱累赘。

在对县区开发区的走访调研中,我们发现,县域产业园区的发展特征呈现出"新四化"现象,即产业定位雷同化、产业分布碎片化、产业发展低端化和产业园区空心化。园区空心化是典型的能力覆盖不了规模,造成空间资源的巨大浪费。地方政府提前谋划、布局建设产业园区承载产业转移和产能扩张的想法可以理解,但要循序渐进、量力而行。本意是"筑巢引凤",不能到头来连"麻雀"都没引来。

人才决定产业,产业选择人才。人才如何决定产业?我们可以从中外几位杰出企业家的人才观中得到启示。

苹果公司创始人史蒂夫·乔布斯曾经说过:"我过去常常认为一位出色的人才能顶2名平庸的员工,现在我认为能顶50名。我大约把四分之一的时间用于招募人才。"小米公司的CEO雷军也曾不止一次说过:"小米创立初期,规模小,甚至连产品都没有,如何组建极强的团队,如何获得对方的信任是我最优先考虑的问题。所以在小米成立最开始的半年,我花的80%的时间都在找人上。"中粮集团的董事长宁高宁先生直言:"一个企业如果人才选对了,连空气都是正确的。"

对于科创型企业而言,创新是第一动力,人才是第一资源,关键人才就是企业的"命根子"。有一个(批)核心人才,就能搭建一个可靠的团队,一个可靠的团队围绕一个方向、一条心、一辈子,聚焦一个核心技术,就能创造一个企业,引育甚至引爆一个产业。对于国家高新技术企业、专精特新企业或者独角兽企业,无一例外都是由核心技术团队引领的。人才质量决定产业发展质量,人才密度决定着产业成长高度。

二、产业生成模式三部曲:你有、我有、无中生有

产业生成的路径翻译成产业链模式就是建链、延链、强链、补链。无中生有就是凭空而起,通过产业平移建立产业链条,这种产业生成的难度最大。需要地方政府和龙头企业合力联手,久久为功。比如,安徽芜湖最早没有完整的汽车产业,通过持续培育奇瑞汽车这一乘用车整车龙头,建立了现代汽车产业集群。

无中生有考验的是政府意志、企业实力和政企合力的持久性。无中生有建产业的一般都有特定的历史条件和实施背景,如二战后美国通过实施"马歇尔计划",帮助西欧重建,建立起以重工业为代表的若干产业集群。又如20世纪60年代,国内启动的"三线建设",在国家战略的驱动下,也带动国内部分区域中心城市,包括贵州贵阳、湖南株洲、云南曲靖、四川绵阳等地,在"零"基础上建立起钢铁、冶金、石化、机车、航空等产业业态。

"你有我有"的产业生产路径是在现有产业链条上做加法,通过资源拼盘达成产业目标。绝大多数产业运营商和招商服务公司都是通过产业链修补的方式为地方政府赋能,以其掌握的零碎产业信息进行广撒网式的撮合,以"我之有"补"你之缺"。

三、园区产业类型

园区产业类型概括起来有以下几种:产业特征最鲜明的单产业单环节,其他类型的有单产业全链条、多产业多环节、多产业单环节、多产业集聚(群)类等。

一般来说,产业越聚焦、越细分,产业落地难度越大,产业集聚效应越不易形成。当然,严格意义上单产业单环节园区是不存在的。比如光伏组件产业,产业主题特征突出,但光伏组件涉及钢化玻璃、铝制边框、背板、电池片、涂锡铜带以及线盒等多个主辅配件构成,我们很难想象光伏组件产业园只生产其中一种配件,不涉及其他。产业生态系统与草原生态系统的形成类似,都是由多要素共同参与下结成的命运共同体,单一个体很难独立存在、独自壮大。

单产业全链条模式是比较理想的产业发展方式。像汽车、航空、集成电路等集成度高、产业链条长的产业,能够有效整合要素资源协同创新,对园区创建目标的实现至关重要。以集成电路产业为例,涉及基础研发、设计、制造、封测等核心环节,缺少哪一个环节,都不能实现产业发展的自主可控,无法做到 IDM 模式[①]。

多产业多环节的代名词就是"大杂烩",产业准入门槛低,捡到筐里都是菜,来者不拒。短期内看上去园区像个百货店,热闹

---

① IDM 模式,即芯片从设计到成品的整个过程都由一个企业负责。

非凡。长期来看,则不利于产业协同创新和产业集群的打造。

多产业单环节类型的园区相对不多,比如线缆产业园、电池产业园等,从产业环节上属于单一领域,用途上则可以应用到多产业方向。

四、园区产业创意思路

园区产业创新思路,可借鉴、可复制的成功思路是"基金+基地""龙头+配套""平台+内容"以及"转移+集聚+扩容"。

"基金+基地"以合肥为例。合肥是一个善于基金运作、敢于出手投资的代表性城市,也是合肥这些年能够厚积薄发、后来居上的杀手锏。合肥通过定增投资京东方、联手战投引入长鑫、专项基金投资蔚来汽车等,在产业投融资道路上一路驰骋,被业界戏称为"豪赌成性、逢赌必赢"的产业投融资"合肥模式"。一次成功可以靠手气,多次成功只能靠手艺。合肥抓住全球产业链重整和国内产业转移的大势,绕过从头开始的机会成本,聚焦"风口"行业,围绕产业链上下游,通过政府资本的撬动,引入核心企业这一关键变量,然后带动上下游企业集聚,形成产业发展的"头雁效应"。通过金融链、产业链、创新链、人才链和政策链"五链合一",引育了一批重点企业,实现了产业集群式、跨越式发展,打造了以"芯屏器合""集终生智"为代表的现象级产业地标。

"龙头+配套"和"平台+内容"更易理解,龙头企业对上下游产业集聚有强大的吸附能力,是园区靶向招商的重点。尤其是汽车产业更是如此,如比亚迪、特斯拉、一汽等头部车企,整车企业落地在哪里,配套企业就会选址在哪里,双方供应链关系属于依附型,配套企业的落地指向性非常明确。当然,与龙头企业的战略合作可遇而不可求,龙头企业的厂址选择和业务布局具有相当的自主性,属于公司的重大战略决策,外界的参与性、干预性很弱。

"转移+集聚+扩容"是相对欠发达地区产业培育的"三部曲",是基于客观规律的现实选择。本地产业集聚是基础,再落后的地区都有一定的产业基础,哪怕是手工作坊式的草根产业(如刺绣、手编等)。这些草根产业具有强烈的地域属性,是民生之基、就业之本,即使引入高附加值的产业,也不能嫌贫爱富,抛弃这些土生土长的"根植产业"。本地产业发展到一定阶段,就会有自发性扩张需求和意愿,地方政府给予适当扶持,必然带来产能扩大、空间扩容。任何产业的发育成熟都不是一蹴而就的,都会经历从种子期、苗圃期再到成熟期的过程,要对产业成长给予包容,不能拔苗助长。

产业转移具有一定规律可循,时间上呈现出周期性。围绕产业转移做文章是地方政府"双招双引"的重点。历史上看,产业转移关乎一个地方甚至一个国家的兴衰成败。伴随经济全球化热潮,世界范围内产业和技术转移呈现出从"高"到"低"的现象,即无一例外,产业从发展高地转移至承载谷地。近代以来,趋势性大范围产业转移有这么几次:

第一波,即二战后,美国向欧洲的大规模产业转移,帮助战后欧洲加快复兴。越战期间,美国向韩国尤其是日本通过战争订货的方式转移大量重工业,让元气大伤的日本很快满血复活。

第二波,随着欧洲复兴、日本崛起,20世纪80年代开始起到90年代中期达到高潮,美国、欧洲大国和日本逐步向东亚地区(韩国、新加坡、中国香港和中国台湾称为"亚洲四小龙")产业布局。在这一过程中,随着"亚洲四小龙"的崛起,其自身市场空间和消纳能力有限,产能过剩、供需失衡、成本上升的问题逐渐凸显,急需寻找市场腹地和价值洼地,产业转移势在必行,不以人的意志为转移。

第三波,即20世纪90年代初期,中国改革开放的步伐加快,国内市场购销两旺,巨大的市场消费潜力让世界500强企业垂涎欲滴。以欧洲、美国、日本、韩国为主的跨国企业以及中国台湾、中国香港的企业纷至沓来。这一波产业转移从开始到今日还在持续,仍未结束。只是现阶段产业转移更多地受到了地缘政治的影响。与此同时,中国的发展振兴铸就了"走出去"和"引进来"并行的经济现象,这一时期不再只有"引进来"的单一趋势,大型骨干央企和实力雄厚的明星民企也开始了海外拓荒之旅,"走出去"渐成气候。

第四波,是2008年金融危机之后开始的从东往中、从中向西、由南向北的波浪式产业梯度转移。如果说前几波的跨国(境)产业转移事关国运兴衰,国内的产业转移则关乎地方发展的优劣。一些地方善于谋划,提前布局,抢抓机遇,后来居上,成功突围。另一些地方思想保守,故步自封,"捧着金饭碗要饭",错失发展良机,与先发地区的发展差距进一步拉大。除了国内产业跨区域转移,纺织服装、食品、机械加工、电子电器等价格敏感型行业也开始向东南亚地区布局。仅从劳动力成本上计算,越南、印度尼西亚、菲律宾、柬埔寨等国家的人力成本比国内低,但从全要素综合成本来计算,是否如此还有待于观察。

为了更好地理解产业相关的概念,避免似是而非、人云亦云,笔者列举了几个名词释义,以便读者更准确理解其中的内涵。

产业搬迁不等于产业转移。产业搬迁一般是在一个行政区域内、半径50公里左右的产业腾挪,产业搬迁对地方政府不会形成增量贡献,仅是空间位移,搬迁原因以外因为主、内因为辅。

产业转移是指产业跨时空、跨区域、有计划、规模化地产业输出行为,产业转移会涉及产业要素的重整,企业生产工艺或技术的迭代升级,不是简单的 A-B 或 B-C,而是 A→A^+,B→B^+。

产业集中效应即由新产业的导入和关键核心价值的释放,基于产业自身强大的牵引作用和吸附能力,会促进和带动关联产业的集群化发展,产业之"核"起到四两拨千斤的作用。有种说法:"一拳打得开,免得百拳来",产业发展领域也有类似现象。产业越高端,要素越稀缺,产业集中效应越明显。

第三节　产业策划实务

这里从产业园区和特色小镇（片区开发）两个领域，各取一例进行对比分析。成功的文案都有一个特征：顶天立地。所谓顶天立地，就是理论上"顶天"，产业解析有高度、有深度，开篇引人入胜。"立地"就是接地气，执行实施上具有可操作性、可落地性。工作实践中在经过深入调研的基础上，笔者写过几篇策划的序言，得到了很好的社会反响。序言是策划方案的立意起点，堪称"文眼"。掌握园区产业定位与策划案例的操作实践，先从熟悉序言的写作开始。

一、策划序言

序言是策划方案的"药引子"，写作时一定要言简意赅，直奔主题，立意高远。序言为文案做铺垫，起到先入为主和提纲挈领的作用，让人感到眼前一亮、心头一震的传播效果。以下略举几例。

例 1　某调味品园区的序言：

有一个地方，历经千年依然内外兼香；

有一种味道，让蝴蝶都会爱上厨房；

赠人玫瑰,手留余香;

驻足杨安,唇齿留香;

杜甫五柳鱼,中山四物汤;

山水相忘,时光流淌;

即使浮世清欢,也终究烟火绵长;

山重水复的流年,风尘起落的人间,

梦里杨安,

在青梅煮酒的暗香时光里,

自由徜徉,沉醉悠扬。①

例2 某渔业特色小镇的序言:

有一个梦想,面朝大海,春暖花开。

有一座小镇,天人合一,星空璀璨。

其表渔舟唱晚,雁阵惊天。

其里光照临川,竹影入潭。

天一"五环",我们以青云之志把梦想装扮。

海天一线,我们以白首之心造生命乐园。

春风十里不如你,万里归来仍少年。

天一,让你的每一个日子都将随风起舞。

天一,让你生命的时区都按时准点。

---

① 这篇文案的序言成为当地政府招商引资的软广告,并在项目所在地城市展厅里刻石以记。

相遇天一,不负青春不负卿!①

例3 某文旅片区开发和康养产业项目的序言:

四周环翠,碧山诗雨且共欢。

酒旗摇曳,杏花村里度流年。

杏花村,千年诗载地,十里一色红。杏花村文化旅游示范区项目以其独特的区位优势、厚重的历史文化和优美的自然风光,在皖南国际文化旅游示范区中自成一格。项目开发的原点是致力于向世人还原一个真实的杏花村,把杏花村打造得更像杏花村。

项目按一次性规划、分期分批实施的原则开发建设,总体规划由一轴、二线、三带、四中心、多区(或者说多体验区)的空间构成,以旅游开发为轴,以文化主线和产业主线为两线,以会议(奖)产业带、教育产业带和康养产业带为三带,集合四个产业中心及多个文化旅游体验区于一体,打造多元组合的空间格局和开发脉络。将区域发展的战略规划、空间规划、产业规划和专项规划有机融合,以政府引导、企业主体、市场化运作的模式予以实施。把政府意愿与企业诉求相结合、开发节奏与要素保障相结合、历史文化与现代科创相结合,让传统文化与现代文明交相呼应,文化优势与产业资源相得益彰!

项目投资商××集团通过空间重塑、资源重整、产业重构和机制重组,实现景区再造的"四重奏"。××提出鲜明的价值主

---

① 某地渔业小镇,经调研命名为"天一小镇",喻为天人合一,也取其得"天"独厚、独"一"无二之意。

张,即生活主张、产业主张和文化主张。项目倡导的生活主张是"田园生活",即返璞归真、宁静闲适的慢生活,让杏花村成为都市生活的"后花园"。项目倡导的产业主张是"文旅+",即通过文旅+教育、文旅+康养、文旅+会议(奖)打造景区产业内核,提升项目自平衡能力。项目倡导的文化主张是"诗酒田园文化",晴耕雨读、水村山郭、雨林酒肆是解码杏花村文化的"密钥"。

文化产业化、产业属地化(标签化),主打"名山名村"两张王牌,紧扣文化产业两大主题,让文化活化和产业振兴实现同频共振、联动发展。

××集团携手××人民政府,通过自带产业、自带资本、自带流量和较高资产自持率,确保项目高水平永续运营。杏花烟雨江南,曾在不经意间惊艳了时光的杏花村,将会在新时代××人手中绽放出更加迷人的光彩!

二、园区类策划方案实例

不同园区的产业类别不同、方案策划角度不同、内容翔实程度也不同,但策划的底层逻辑和思路是相通的,《Y城功能糖园区策划方案》是完整展示园区策划的实例。基本框架可以采取"拿来主义",对于业者具有很强的指导性和借鉴性。

Y 城功能糖园区策划方案

(一) 引言

本运营方案基于现代产业理论和项目全生命周期运营的视角,立足 Y 城以功能糖为代表的生物发酵技术产业基础,聚焦 Y 城主导产业发展定位,发挥 Y 城产业比较优势,打造具有 Y 城鲜明特色的产业门类。放眼于省会城市群都市圈和西部经济隆起带的战略格局,构建集金融创新、运营创新、科技创新和模式创新于一体的系统性创新。本项目作为产业创新和培育孵化的核心,打造以专业产业园为载体的产业集聚发展平台。布局产业结构更加优化的现代产业体系,擦亮 Y 城作为世界级功能糖的"金字招牌",助推 Y 城新一轮跨越式发展。

(二) 产业基础分析

1. 交通区位

区位良好。DZ 南门户、济南卫星城,依托环渤海经济区、背靠京津冀经济圈、面向长三角城市圈和长江经济带。

交通便利。京沪铁路、济邯铁路穿境而过,2017 年 10 月高铁通车,2018 年年底济青高铁全线通车;京福高速、308 国道、S1001、S1009 省道等纵横交错;距离济南遥墙国际机场仅 50 分钟左右车程。

2. 产业现状

Y 城发挥本地资源优势,坚持产业特色化发展理念,形成了以"三糖一药"为代表的健康产业和以 TY 重工为龙头的现代装备制造产业(其中拥有规模以上企业 65 家),新材料新能源等战略性新兴产业快速发展。其中,功能糖和装备制造两大支柱产业总产值占到园区总产值的 65%以上。

3. 创新能力

创新平台。现有市级及以上高新技术企业 34 家,其中国家级高新技术企业 17 家、国家级创新型企业 1 家、省级创新型试点企业 4 家。80%规模以上企业建有研发机构,建成省级以上研发机构 55 家,其中国家级 21 家,博士后工作站 4 家,院士工作站 2 家,以企业为主体的创新平台已然形成。

创新成果。2010 年以来,先后组织企业申报并承担国家"863"计划、火炬计划等重大攻关课题 26 项,荣获"国家技术发明二等奖"2 项、"国家科技进步二等奖"1 项,创中国驰名商标和名牌产品 10 件,完成重要科技成果 195 项,累计申请国家专利 973 件。

创新合作。与山东大学、江南大学、中国农业大学、中国海洋大学等 120 余家科研院所开展深入合作。目前,集聚副高级职称人员 1002 人,硕士学历人员 316 人,博士学历人员 23 人,其中包括两院院士 6 人、自主申报"千人计划"专家 3 人、泰山学者 4 人、长江学者 3 人。

综上所述,经过多年的发展,Y 城市高新区整体呈现出产业基础稳、产业结构优、产业创新强、产业成长性高等鲜明特点。中央创新区核心区项目作为产业集聚新载体、产业创新新平台,对加快 Y 城以功能糖为代表的产业集群,加快科技成果转化,提升创新发展能力,完善产业服务体系发挥重要作用。

(三)产业定位分析

1. 战略定位

人类健康硅谷中的世界功能糖城:依托"中国功能糖城"和中国生物产业基地的建设,不断完善生物技术产业体系,打造人类健康硅谷之世界功能糖城的"城市名片"。

"一带一路"发展走廊上的生物智造重镇:促进高新区生物科技产业的大发展,加快促进产创融合、产城融合、资智融合,形成"一带一路"发展走廊上的生物智造重镇。

环省会都市圈产学研创新研发高地:以现有创新要素为基础,拓展创新空间载体,导入创新资源,打造环省会都市圈产学研创新研发高地。

2. 产业定位

产业发展逻辑:龙头企业→产业环节→产业链条→产业集群→产业基地→产业生态。

通过"扩链、补链、强链",形成全产业链条,做强产业生态圈。

以"功能糖+高端装备+新材料、新能源"的"一核+一高+二新"产业定位,实现产业对接、人才对接、科技对接、资本对接。

3. 园区定位

以技术成果创新商业化为切入点,聚焦技术引入、创新孵化、技术转化,打造国家级技术成果商业化示范基地。阶段性实现"Y城创新驱动发展新引擎""区域创新驱动发展新样板"以及"国家级科创小镇"。

(四)园区运营目标

1. 产业运营目标

打造新旧动能转化平台、体制机制创新平台、产业集聚发展平台、引资借智合作平台。

2. 产业思路

(1)做强以功能糖为主导的大健康产业;

(2)做大以高端装备和新材料新能源为支撑的战略性新兴产业;

(3)做优产业创新服务体系。

3. 主导产业[①]分析

行业地位。国际市场占比1/3,国内市场占比2/3,产地品牌与产品品牌相得益彰。

发展瓶颈。① 产业结构不合理:Y城市功能糖产品主要集中在葡萄糖、麦芽糖、麦芽糊精等产品上,而在酶制剂、低聚半乳糖、晶体麦芽糖醇、赤藓糖等上下游产业链有待完善;② 产品附加值不高:Y城生产的功能糖制作工艺相对简单,技术水平与国际先进水平有着不小的差距。产业集群内部企业技术不平衡,如

---

① 主导主业指在当地产业发展中具备显著优势,产业结构处于主导地位,其贡献的税收、产值等超过一定比例(≥40%)的产业。

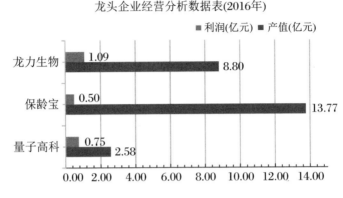

图 3.1　龙头企业经营分析

晶体麦芽糖醇、赤藓糖醇等高端产品的生产上不具明显优势,处于全球价值链的低端;③ 消费者认知度不强:功能糖出现的时间比较晚,大部分人对于功能糖还是不甚了解,功能糖国内知名度不到0.1%,而起步较早的日本,其知名度高达75%以上;④ 产业更新周期长:市场敏感度、柔性制造技术、新产品开发周期等与发达国家尚存在不小差距,产业升级待提速;⑤ 终端应用待拓展:在食品、饮料、保健品中已经大面积地在使用功能糖,而在医药、饲料和肥料等领域缺少应用。

破题方向。① 结构优化:补全产业链条,调整产业结构,合理优化产业布局,提升产业链整体竞争力;② 招商引资:通过政府招商、企业招商和政企双方协同招商等三种渠道,完善招商手段和方式,提高招商落地率;③ 培育孵化:引进与产业关联度高、成长性好、应用范围广的新技术,培育孵化一批小巨人企业,厚植产业发展根基;④ 资本干预:对于成本敏感型、市场敏感型和资金敏感型的企业,采取差异化的扶持手段,以金融创新助推产业创新;⑤品牌宣传:依托主流媒体和自媒体等新兴媒体,通过定期举办主题论坛、品牌宣传周(月)等系统的品牌策划活动,强化消费者对功能糖的品牌认知,扩展终端应用领域。

4. 支撑产业(装备制造)分析

规模以上企业年均产值1.4亿元;科研人员占比8%;研发投入(R&D)5%;龙头企业3家。

做大支撑性产业思路。基于现有的创新基础、创新氛围,加速推进高端装备和新能源新材料的产业创新,实现技术升级、产业链延伸,建设技术产业化路径的"中央厨房"。图3.2即技术产业化"中央厨房"实施的路线图,也是技术产业化路径的具体抓手。

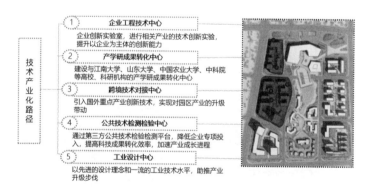

图3.2 技术产业化路径

做优产业服务体系。以功能糖、绿色食品产业为依托,做全商业业态种类,引入创新业态形式,打造以健康食品为主题的园区商业中心,并完善生活配套。图3.3为园区生活配套的四大业态,打造以人为本、更有烟火味的产业社区,促进园区、企业和人的和谐共生,做优产业生态系统。

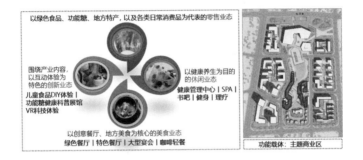

图 3.3　产业配套服务体系

建设若干以公益性为主、营利性为辅的"共享空间",以提高园区物理空间的使用率,降低入园企业的非必要性投入,满足园区企业的基本公共需求。图 3.4 为园区功能配套空间。

图 3.4　园区功能配套空间

5. 招商运营目标

招商运营目标是政府方对园区运营机构考核的分年度量化指标,分为定量和定性两个方面,核心指标包括出租率、税收、产值以及引进企业的质量(500强、上市公司、独角兽、瞪羚企业)等,具体参见表3.2。

表3.2 招商运营目标

指标	2019年	2020年	2021年	2022年	2023年
园区内产业运营目标					
出租率					
中小微企业(个)					
规上企业(家)					
高端人才(人)					
科研机构(个)					
科技成果转化项目(个)					
税收(万元)					
产值(亿元)					
园区外产业发展目标					
企业数量					
税收(万元)					
产值(亿元)					
就业人数(人)					

6. 园区预期成果

园区预期成果是指园区运营商在运营期内,预计可实现的落地成果,一般从定性和定量两个维度,按年度进行统计汇总(见表3.3)。

表3.3　园区招商运营预期成果

	2018.01—2018.12	2019.01—2021.12	2022.01—2024.12
科技	意向对接国家级工程技术中心____个,技术商业化项目____个	建成省级科技企业孵化器____家,工程技术中心类____个,技术商业化项目____个	建成国家级科技企业孵化器____家,省级____家,工程技术中心类____个,技术商业化项目____个
人才	意向对接国家级高层次人才____人,省级高层次人才____人。	引进博士人才____人,其中含院士____人、长江学者____人、杰出青年____人、国家级高层次人才____人、泰山学者____人	引进博士人才____人,其中含院士____人、长江学者____人、杰出青年____人、国家级高层次人才____人、泰山学者____人
活动	每年度举办行业活动不少于____次,活动形式包括但不限于论坛、科技成果对接会、企业服务专场活动等;每年度组织各项企业专题培训不少于____场	每年度举办行业活动不少于____次,活动形式包括但不限于论坛、科技成果对接会、企业服务专场活动等;每年度组织各项企业专题培训不少于____场	每年度举办行业活动不少于____次,活动形式包括但不限于论坛、科技成果对接会、企业服务专场活动等;每年度举办创新创业大赛不少于____次;每年度组织各项企业专题培训不少于____场

续表

	2018.01—2018.12	2019.01—2021.12	2022.01—2024.12
金融	携手战略合作伙伴兴业基金设立产业引导基金，总规模____亿元，首期启动____亿元	产业发展引导基金投资企业，其中我方跟投不少于____万元，并于____年内有____个以上使用案例；争取新三板公司不少于____家	产业发展引导基金定向投资不同领域核心企业不少于____家，其中我方追加投资不少于____万元，并于5年内有____个以上使用案例；争取创业板上市公司不少于____家，新三板上市公司不少于____家
创新	意向对接国家级高新技术企业____个，省级高新技术企业____个，瞪羚企业____个，科技小巨人企业____个	引入或培育国家级高新技术企业____个，省级高新技术企业____个，瞪羚企业____个，科技小巨人企业____个	引入或培育国家级高新技术企业____个，省级高新技术企业____个，瞪羚企业____个，科技小巨人企业____个
孵化	洽谈意向科技创新类小微企业____个；对接新项目团队不少于____个	3年内洽谈意向科技创新类小微企业____个；每年对接新项目团队不少于____个	5年内入驻科技创新类小微企业____个；并保证每年新对接新项目团队不少于____个
备注	全面启动预招商工作		

7. 孵化器加速器预期成果

预计 2021 年,建成省级孵化器____个,加速器____个;2024 年,建成国家级孵化器____个,省级孵化器____个,加速器____个,实现从孵化到加速到入园的全过程接力培育。

附:入孵企业标准

(1) 企业注册地和主要研发、办公场所须在本孵化器场地内。

(2) 申请进入孵化器的企业,成立时间不超过 24 个月。

(3) 属迁入的企业,其产品(或服务)尚处于研发或试销阶段,上年营业收入不超过 200 万元人民币。

(4) 在孵时限一般不超过 42 个月。

(5) 企业成立时的注册资金,扣除"知识产权出资"后,现金部分一般不超过 300 万元人民币。

(6) 单一在孵企业入驻时使用的孵化场地面积,一般不大于 1000 平方米。

(7) 在孵企业从事研发、生产的主营项目(产品),应符合国家战略性新兴产业的发展导向,并符合国家节能减排标准。

(8) 在孵企业开发的项目(产品),知识产权界定清晰,无纠纷。

(9) 留学生和大学生企业的团队主要管理者或技术带头人。在孵企业团队具有开拓创新精神,对技术、市场、经营和管理有一定驾驭能力。

本着园区建设是基础,资金筹措是保障,招商运营是关键的整体思路,按照策划引领、产业先行、投建联动的策划理念,遵循建筑为体、产业为核、文化为魂的运营逻辑,借鉴吸收同类园区运营经验,以期拿出符合Y城发展实际、契合高新区产业需求的高水平运营方案。

本运营方案以传统产业的优化升级和新兴产业的创新孵化为主线,以产业链、产业集群、产业基地的打造为主轴,以创新高地、人才高地、服务高地和价值洼地的塑造为主旋律,以做强大健康产业、做大高端装备和新能源新材料产业、做优产业服务体系为主基调,以愿景描绘能力、产业策划能力和资源配置能力"三位一体"的能力建设为着力点,着重强化运营保障能力建设,致力于将本项目打造成为引领高新区未来发展的重要引擎。

(五)园区运营计划[①]

1. 项目建设进度

本项目处于准备阶段,规划、可研、立项等前期工作已相继完成。预计2017年8月完成项目社会资本采购,项目总建设期不超过3年,拟分两期建设。

一期:2018年12月底完成中央创新中心、工业技术研究院、配套工程,建成建筑面积14.57万平方米,在2019年进入运行维护阶段。

---

① 园区运营计划指编制涵盖从建设期开始到运营期结束的一揽子计划性、基础性、指导性运营框架思路,运营计划可以翔实,也可以粗略,涉及园区全生命周期管理,是指导园区运营的顶层设计方案。

二期:2019年12月底完成创业孵化区、专家公寓、科技产业园、大健康研究院、配套服务设施等公共建筑及其他剩余工程,建成建筑面积21.6万平方米,在2020年进入运行维护阶段。

2. 招商运营原则

以契合国家级高新区发展要求为原则:紧紧围绕提升自主创新能力,优化创业孵化链条,集聚创新型人才,培育壮大市场主体,构建创新型产业体系等重点任务开展招商运营工作。

以培育新动能为原则:以引入人才、技术、资本等优质生产要素为目标,固本培元,培育Y城发展新动能。

以产业结构优化升级为原则:以对传统产业的升级改造和新兴产业的创新孵化为动力,推进产业结构调整、优化产业布局、改善产业生态,加速Y城产业升级步伐。

以做强优势主导产业为原则:以聚焦、延展和提升为手段,做强Y城以功能糖为核心的生物发酵技术产业门类,提高产品附加值、提升产业延展性。聚焦产业龙头,带动产业链上下游发展,构建起以大健康产业(功能糖和绿色食品为支撑)为核心、以装备制造产业和新材料、新能源产业为两翼的现代产业体系,重塑具有鲜明Y城特点的"1+1+2"产业格局。

以做优创新服务体系为原则:以产、城、人、文四位一体的深度融合为方向,做优创新服务体系,创新体制机制,完善园区综合配套服务功能,以"共创共生共享"的服务软环境助推园区发展目标的达成。

以实现效益最大化为原则:以社会效益和经济效益的统一为

前提,以创新性的招商运营方式、高素质的招商运营团队、高质量的招商运营模式为保障,发挥政企合力的比较优势,促成经济效益最优、社会效益兼顾的理想目标。

3. 园区招商运营制度体系

为推进产业园的产业集聚,加强对招商引资工作的组织、协调与管理,促进园区招商运营工作的顺利开展,需要制定完善的招商运营制度体系,明确职责分工、工作内容、工作流程等,以保障前期推介、企业准入、资产租售、奖惩兑现、后续服务等工作的有效开展。招商引资管理制度包括但不限于产业资源开发制度、客户资源关系管理制度(CRM)、招商团队管理制度、项目评审与企业准入管理制度、园区职责分工与联席会议制度等;运营管理制度包括但不限于政务服务制度、企业服务制度、物业服务制度、生活服务制度、日常管理制度等。

4. 招商运营保障

(1) 组织保障

为保障项目各项工作高质量运转,集团公司决定成立项目统筹推进领导小组。小组成员设置一般分为组长1名、执行组长1名、副组长2~3名,更好地沟通协调和统筹调度,是园区高水平运营的组织保障(见表3.4)。

表 3.4 项目推进领导小组成员表

组长	（略）
执行组长	（略）
副组长	（略）

（2）人才保障

公司为项目派遣最优秀的建设、招商和运营专业团队,其中,专项服务于本项目的招商团队核心成员不少于25人。核心团队成员专业经验丰富、知识结构互补、富有激情。核心团队成员如表3.5所示。

表 3.5 项目核心团队成员表

序号	姓名	学历	专业	院校	职业背景
1					
2					
3					
4					
5					
…					

核心团队成员分工,首先是按照区域进行分配,避免多头出击导致"撞车"。在长三角、大湾区、京津冀、成渝都市圈等重点区域上重兵投入,实现"横向到边"、区域全覆盖。区域与团队分工见表3.6。

表3.6 核心团队成员分工表

招商组别	人数安排					区域	团队分工
	预招商阶段 (2017—2018)	强招商阶段 (2019—2021)	招商维护阶段一 (2022—2023)	招商维护阶段二 (2024—2034)			
招商一部	—	—	—	—		长三角	组长： 组员：
招商二部	—	—	—	—		珠三角	组长： 组员：
招商三部	—	—	—	—		京津冀	组长： 组员：
招商四部	—	—	—	—		山东省	组长： 组员：
运营管理部	—	—	—	—		园区现场	组长： 组员：
合计	—	—	—	—			

在智能制造、生物医药、绿色食品、新能源、新材料等产业细分领域实施重点突破,明确招商人员的主攻方向,按照产业转移规律和产业链分工体系,实现"纵向到底"。产业与人员分工见表3.7。

表3.7 核心团队成员招商方向分配表

产业 区域	大健康	高端装备	新材料	新能源	高校及科研院所
长三角					
珠三角					
京津冀					
山东省					
备注	a. 区域招商组长原则上对接以功能糖为核心的大健康产业; b. 产业方向分工综合考虑个人专业背景、兴趣爱好、资源优势等因素; c. 后期团队内部招商分工,根据实际情况适时调整。				

(3) 资金保障

① 引进不少于____支风险投资、股权投资、产业升级、产业并购等各类产业基金。针对不同企业不同成长阶段,提供差异化资本干预手段。

② 单独或联合其他金融机构设立不低于____万元产业发展基金。其中不低于50%的比例将投向以功能糖为核心的大健康产业。

③ 兵马未动,粮草先行。招商费用是保障招商活动开展的

前提,但费用支出不能没有上限。在招商费总额度确定的基础上,按照招商活动开展的规律进行年度预算分配管理,确保招商费用支出均衡合理。年度招商费用投入见表3.8。

表3.8 年度招商费用预算表

年度	额度(万元)	备注
2017		
2018		
2019		
2020		a. 招商落地是"先难后易",资金投入原则是"先大后小";
2021		
2022		b. 以上招商投入是预计值,实际情况会有出入。
2023		
2024		
2025—2034		
合计		

(4) 渠道保障

依托现有的"两大平台、七大招商渠道、十大招商中心、百家龙头、千家企业信息库"搭建系统化、立体化招商渠道,为项目招商运营提供渠道支持和保障。

两大平台:招商运营平台、创新孵化平台。

七大招商渠道:媒体资源、商学院、商协会、产业联盟、科研机构、龙头企业、智库。

十大招商中心:北京(招商重点:以引进优秀技术团队、产业资本和创新资源为主);上海(招商重点:以引进金融、科技服务等现代服务业为主);广州(招商重点:以引进物流、会展、商贸等相关产业为主);深圳(招商重点:以电子信息、生物科技等相关产业为主);南京(招商重点:以引进科研机构、智能制造等相关产业为主);杭州(招商重点:以引进移动支付、"互联网＋"等相关产业为主);苏州(招商重点:以引进装备制造、生物医药等相关产业为主);无锡(招商重点:以引进精细化工、大健康等相关产业为主);青岛(招商重点:以引进海洋科技、海洋生物开发等相关产业为主);厦门(招商重点:以引进旅游、文化、体育等幸福产业为主)。

(5) 后勤保障

持续加大运营经费投入,保证运营团队综合保障和后勤支撑能力,不断提升人才队伍综合能力,致力推动区域价值产业集聚。

场地保障:办公场所不低于____平方米,人才公寓不低于____套。

经费保障:每年人均招商运营经费不低于____万元,商务车不低于____辆、考斯特中巴____辆、轿车____辆。

其他保障:每人每月外出招商活动不低于____次,季度专场招商活动不少于____次,每半年大型招商活动不少于____次。

5. 招商运营计划

(1) 近期计划(2017.09—2017.12)

按照招商活动的轻重缓急,对近期招商活动开展计划进行梳理,以确保招商计划有序开展,做到张弛有度、蹄急而步稳(见表3.9)。

表 3.9 招商近期工作计划

序号	工作内容	对方联系人	我方责任人	备注
1				
2				
3				
4				
5				
6				
…				

（2）中长期计划（2018—2024）

在做好近期招商活动安排的同时，在园区整体运营方案的指导下，前瞻性谋划招商的中长期工作，做好各期计划的有序衔接和平稳过渡（见表 3.10）。

表 3.10 招商中长期工作计划

产业类别		序号	企业名称	核心产品	招商策略	对接人员	招商进度	备注
功能糖企业（部分）	产业链上游	1						
		2						
		3						
		4						
		…						

续表

产业类别		序号	企业名称	核心产品	招商策略	对接人员	招商进度	备注
功能糖企业（部分）	产业链中游	1						
		2						
		3						
		4						
		…						
	产业链下游	1						
		2						
		3						
		4						
		…						
高端装备企业（部分）		1						
		2						
		3						
		4						
		…						
新能源新材料企业（部分）		1						
		2						
		3						
		4						
		…						

在园区运营指标中,政府方要求运营机构导入与园区主导产业相关的各类科研院所数量(见表3.11)。园区与科研院所之间可能通过设立分院(所)、课题联合申报以及联合共建实验室等多种方式实现合作。

表3.11 科研院所招商计划

产业类别	序号	院所名称	研究领域	引进策略	对接人员	招商进度	备注
高端装备科研院所	1						
	2						
	3						
	4						
	…						

园区运营的主要内容就是"双招双引",即招商引资和招才引智。高层次人才的引进或弹性合作就成为检验园区运营成效的重要依据。拟引进高端人才(含院士)名单见表3.12。

表3.12 拟引进高端人才(含院士)名单表

序号	姓名	工作单位	研究方向	对接产业
1				
2				
3				
4				
…				

6. 招商运营策略

招商运营不能"脚踩西瓜皮",而应按照一定的策略精准发力、有的放矢,做好顶层设计工作,确保招商运营活动有序开展、有效推进,努力实现预期成果。比如:

导师帮创业:建立完善创业导师队伍。瞄准硅谷、中关村等地区优秀企业家、投资家和行业专家,深挖本土资源,采取一对一、个性化辅导,带动一大批创业团队。

大赛打品牌:与国内外知名机构、国家有关部门等联手举办各类创业大赛,围绕各产业链环节举办专业化赛事,形成国内外知名品牌活动。

活动引落户:定期举办"走进 Y 城"、创业周、路演等活动,组织高层次创业人员考察 Y 城,宣传推介创业环境和政策,积极吸引落户。

氛围吸人才:营造浓厚创业氛围,面向全球积极吸引科技领军人才、海外高层次人才、高等院校和研究院所科研人员、大型企业管理和技术负责人以及高校毕业生等到新区创业。

资本做干预:通过参股基金、跟进投资、房租补贴等形式,吸引国内外知名天使投资人和机构落户,激活天使投资市场;探索建立天使投资基金,对优秀入区项目给予投资支持。

重点精培养:加强对重点企业的辅导和服务。按照高科技、高成长原则,筛选出一批重点培育对象,"精确制导、一企一策",专人负责,每周深入企业调研,联动国内外高端咨询机构,明确企业发展方向、完善治理结构。

交流促成长：加强企业家交流与培训。组建"科技型企业家俱乐部"，围绕重点培育对象，选拔优秀的企业家重点辅导，搭建交流平台，定期邀请知名企业家等进行培训，组织考察、交流座谈等，帮助企业管理和技术负责人提升经营管理能力。

平台全服务：建设科技型中小企业信息服务平台。为企业提供政策、金融、管理、市场、人力、资源共享等全方位网络服务；建立面向科技型中小企业的完善电子商务平台、新技术和产品发布平台、投融资对接平台等。

7. 培育期招商优惠政策

园区招商引资、招才引智政策享受国家、省、市、县（区）所有普惠性优惠政策扶持，特定事宜按照"一事一议"的原则实施。为加快园区产业培育，制定差别化的产业扶持政策，相关优惠政策建议如下：

（1）土地政策

对于技术领先、市场前景好、投资强度大、税收贡献高的落地企业（含园内园外），经政府方协商一致，可承诺按照先缴后奖等方式给予企业最低土地价格优惠；并根据项目情况和实际需求，给予企业适当的预留用地，预留期最多不超过两年（含两年）。

（2）税收政策

对于新设立的内、外资企业，经政府方协商一致，可有选择地搭配式地给予涉企税种，包括但不限于企业所得税、增值税、营业税、个人所得税、房产税、土地使用税等 Y 城市本级实际留成部分(含省、市返还的税收留成部分)的相应返还,最高可给予前三年全返、后三年减半返还的政策奖励。

(3) 租赁政策

对于租赁园区标准化的研究院、孵化器、加速器等创新项目,经政府方协商一致,可承诺最多给予三免三减半的租金优惠政策。对于重大项目或亮点项目,最多可给予企业五免五减半的租金优惠政策。

对于拟注册在产业园且需要租赁产业园内(外)廉租房、集体宿舍、人才公寓等创新项目,经政府方协商一致,可最多给予为期两年的房租全免政策。对于入园商业企业,经政府方协商一致,可最高给予两免两减半的租金优惠政策。

(4) 销售奖励

对于年均销售收入快速增长的企业(投产后前三年,年均增长 20%以上),经政府方协商一致,可承诺自企业投产之日起 5 年内,依据企业年实现开票销售收入每年给予一次性补助,前两年不高于其开票收入总额的 5‰(千分之五),后三年不高于其开票收入总额的 3‰(千分之三)。重大项目或亮点项目,可最多给予企业投产后 5 年内每年给予企业相当于其开票收入总额的 5‰(千分之五)的奖励支持。

(5) 专项政策

为了适应招商工作的灵活性和招商项目的多样性,项目公司针对符合产业园产业导向的重点扶持产业或重大项目,可事先提出除上述政策之外的专项补贴政策,经政府方同意后予以承诺。具体承诺幅度和名目,根据实际情况进行归靠。

(六) 规划方案建议

本文案的规划设计建议主要是从产业需求角度出发,按照需求导向,让空间和内容更加匹配,载体和产业更和谐共生,避免削足适履的现象(见图3.5和图3.6)。

图 3.5　园区规划拟调整示意图

1. 优化原则

在保持中央创新区整体风格不变、主旨功能不变和成本可控的前提下,通过功能布局优化和建筑比例的调整,提升创新区的商业价值和综合承载力,并为未来产业扩容预留适当空间。同时,方案的优化更能彰显优美的城市天际线和错落有致的建筑轮廓线。

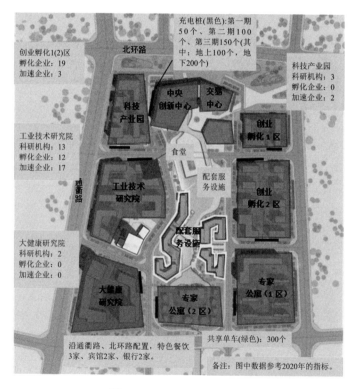

图 3.6　园区项目规划一览

2. 优化内容

(1) 园区建设与功能布局建议

立面造型。园区建筑立面异形较多,建筑成本高、施工难度大,建议风格不变、主旨功能不变和成本可控的前提下,进行适当调整。

分期施工调整。为让一期企业入驻办公与二期施工相对隔离、互不影响,建议科技产业园与一期同步施工建设。

功能布局位置调整。基于为研究院提供更静谧、更理想的科研环境,以及发挥沿街商业价值的考虑,建议科技产业园选址与孵化加速二区部分对调。

功能面积调整。建议适当减少创新孵化器面积,腾挪出的空间面积给加速器;建议减少专家别墅比例(3000平方米),改造成日租房或创客公寓。建议在工业技术研究院调整400平方米,作为一期公共食堂。

路面改造。建议在园区内适度铺设塑胶跑道和人行步道,或将原部分水泥路面改造为塑胶跑道,建设动感十足、创意灵性的现代园区,提高员工的幸福感和获得感,提升园区人气,增强园区吸引力。

总部基地。建议园区内增设面向京津冀城市群和济南都市圈的总部基地,发挥总部基地的引领集聚作用和规模效应,提高园区经济发展的内生质量,打造园区发展的新增长极,推动园区向更大体量、更高质量、更优增量的产业方向转型。

新增交易中心。建议在中央创新中心增设 Y 城特色产(商)

品展销、体验和交易中心(3000平方米),作为Y城发展成果展示和交易的新窗口,提高未来游客对Y城的认知度。

增加生物技术检测中心。为更好地帮助孵化企业,建议在工业技术研究院配套公共"生物技术检测中心",并可考虑增设公共仪器中心。

增加生物发酵技术工程化中心。建议在工业技术研究院设立生物发酵技术工程化中心,解决科研技术与成果转化脱节问题,加速产学研的市场化应用进程。

(2) 园区配套服务建议

商业街招商。在商业街配套中,定向招商公共食堂、24小时营业创意餐厅、创意咖啡、创意影院、健身房等公共配套内容。

增加沿街商业。建议沿通衢路、北环路增加特色餐饮(3家)、宾馆(2家)、银行(2家)等商业配套(面积合计约8000平方米)。

增加汽车充电桩。新能源汽车是发展的必然趋势,建议在地上、地下车库预留充电桩设施,分期建设。第一期50个,第二期100个,第三期150个(其中地上100个,地下200个)。

增加共享单车车位。建议在园区内增建共享单车车位300个。

增加天然气配套。考虑研发、实验、中试需要,建议为工业技术研究院、科技产业园、大健康研究院直接接入天然气,便于后期为企业供应高质量蒸汽。

减少地下停车面积。考虑地下停车面积过大,建议调整为公共配套,如超市、健身房、食堂、电影院等,调整面积建议为3万平方米。

（3）周边配套服务建议

交通配套。基于园区员工出行需要，建议开通通往市中心公交线路不少于2条，其中1条可通往高铁站。

教育、医疗配套。考虑未来园区及整体高新技术开发区需求，建议配套中小型医院1座，幼儿园1所，小学1所，中学1所。

生活配套。建议配套中小型超市2家，健身广场1个。

蓝领公寓配套。基于园区公寓尚有约1万平方米缺口，建议园区外配套蓝领公寓1万平方米。

污水处理配套。考虑中央创新区核心区未来产业扩容需要，建议提前谋划配套建设污水集中处理中心。

专业园区配套。考虑加速企业成长后外迁以及招商的成熟企业直接落地需要，建议在核心区外根据实际需要配套专业园区（建议一期300亩，二期500亩）。

根据实际调研情况和按需定制的原则，对原规划设计方案各功能单元进行增减调整，以让方案更科学合理，打造疏密有度、功能完善、结构合理的产业载体。具体调整建议见表3.13。

计算园区资产出租收入（不考虑出售），即每平方米每月租金收入×12×资产面积×一定系数计算得出。累计招商面积与租金测算见表3.14。

表 3.13 规划方案调整汇总表

调整区域	区域优化	建议调整面积（m²）			备注
		原有面积	增减面积	调整后面积	
企业孵化器	减少孵化器面积，适当增加加速器面积	44900	-10000	44900	区域内部调整
企业加速器		0	10000		
沿街商业配套	酒店		2000		
	宾馆		5000	8000	宾馆 2 家
	银行		1000		银行 2 家
中央创新中心	Y 城特色展品展示销售中心	42000	-3000	39000	特色餐饮 3 家
专家别墅	日租房或众创客公寓	9500	-3000	6500	分两期创建
工业技术研究院	一期公共食堂	56700	-400	56300	
蓝领公寓	新增	0	10000	10000	园区外配套

第三章 园区产业定位

表 3.14 累计招商面积与租金测算表（2019—2023）

年份	招商进度 功能分区	中央创新中心	工业技术研究院（大学园）	创业孵化区	专家公寓（1区）/白领公寓	专家公寓（2区）/专家别墅	科技产业园（首都园）	大健康研究院	配套服务设施	合计
2019	建筑面积（m²）	42000	56700	—	—	—	—	—	—	98700
	累计租赁面积（m²）	10500	14175	—	—	—	—	—	—	24675
	租金（元/(m²·D)）	0.35	0.35	—	—	—	—	—	—	—
	租金年收入（元）	1323000	1786050	—	—	—	—	—	—	3109050
2020	建筑面积（m²）	—	—	44900	24800	9500	25300	10000	18000	132500
	累计租赁面积（m²）	18900	25515	11225	6200	2375	6325	2500	4500	77540
	租金（元/(m²·D)）	0.36	0.36	0.35	0.35	100	0.35	0.35	1	—

续表

年份	招商进度功能分区	中关创新中心	工业技术研究院(大学园)	创业孵化区	专家公寓(1区)/白领公寓	专家公寓(2区)/专家别墅	科技产业园(首都园)	大健康研究院	配套服务设施	合计
2021	年租金收入(元)	2452842	3311336.7	1414350	781200	1188000	796950	315000	1620000	11879678.7
	累计租赁面积(m²)	31500	42525	20205	11160	4275	11385	4500	8100	133650
	租金(元/(m²·D))	0.37	0.37	0.36	0.36	103	0.36	0.36	1.03	
2022	年租金收入(元)	4210712	5684461	2622205	1448345	2261880	1477545	584010	3003480	21292638
	累计租赁面积(m²)	35700	48195	33675	18600	7125	18975	7500	13500	183270
	租金(元/(m²·D))	0.38	0.38	0.37	0.37	106.09	0.37	0.37	1.06	
	年租金收入(元)	4915305	6635661	4501452	2486325	3857432	2536453	1002551	5155974	31091152

续表

年份	招商进度功能分区	中央创新中心	工业技术研究院（大学园）	创业孵化区	专家公寓（1区）/白领公寓	专家公寓（2区）/专家别墅	科技产业园（首都园）	大健康研究院	配套服务设施	合计
2023	累计租赁面积(m²)	39900	53865	38165	21080	8075	21505	8500	15300	206390
	租金(元/(m²·D))	0.39	0.39	0.38	0.38	109.27	0.38	0.38	1.09	
	年租金收入(元)	5658383	7638817	5254694	2902370	4523890	2960886	1170311	6018740	36128092

注：每个功能分区竣工验收后累计租售率：第一年25%，第二年45%，第三年75%，第四年85%，第五年后正常运营。

园区资产去化有一定的周期,不是所有园区都能实现建成之日就是满园之时,所有在计算时都要乘上一定的系数。同时,在计算时要考虑运营期内一定的租金价格上涨幅度(见图3.7)。

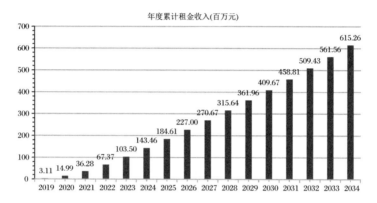

图 3.7　年度累计租金收入(2019—2034)

计算园区物业收入,计算依据同园区资产出租收入(见图3.8)。

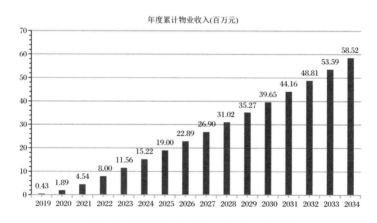

图 3.8　年度累计物业收入(2019—2034)

园区车位收入计算依据同园区资产出租收入(见图3.9)。唯一需要额外考虑的是新能源车(含充电桩)和燃油车的车位费不同,计算时要考虑二者价格的差异。

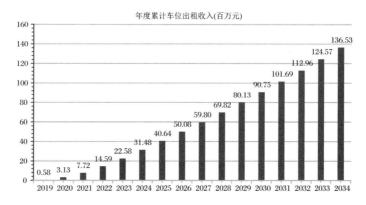

图3.9 年度累计车位收入(2019—2034)

年度使用者付费收入,即上述年度租金收入、年度物业费收入以及年度车位费收入三者的总和(见图3.10)。

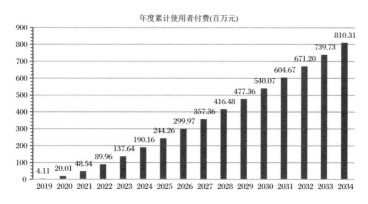

图3.10 年度累计使用者付费(2019—2034)

在招商总费用确定的情况下,按年度分解招商费用额度,并提供年度招商费用支出依据,为科学编制运营期内招商费用投入产出表提供数据支持(见表3.15)。

根据产业招商进度和产业类别,科学预测园区年度用工需求,并根据用工类型,推测物理空间需求面积。既避免空间浪费,也避免需求超限,尽量物尽其用(见表3.16)。

本方案涉及的招商运营指标中,要求运营机构按年度引入与园区主导产业相关的各类新型研发机构,并预测机构的空间需求和要素指标,继而合理制定园区规划设计指标(见表3.17)。

运营机构按2019年度引入与园区主导产业相关的加速器机构,并编制加速器的产出贡献(见表3.18)。

运营机构按2019年度引入与园区主导产业相关的新型研发机构,并编制研发机构的产出贡献(见表3.19)。

运营机构按2020年度引入与园区主导产业相关的孵化器机构,并编制研发机构的产出贡献和要素需求(见表3.20)。

运营机构按2020年度引入与园区主导产业相关的加速器机构,并编制加速器的产出贡献和具体需求(见表3.21)。

运营机构2020年度引入与园区主导产业相关的各类新型研发机构,并编制研发机构的产出贡献和要素需求(见表3.22)。

第三章 园区产业定位

表3.15 招商费用投入产出表

	年份	招商费用(万元)	累计财政收入(税收收入、非税收收入)(万元)			招商运营服务产出									获得的省级以上荣誉	盈亏平衡点所在年份[财政收入(税收收入、非税收收入)、使用者付费](在盈亏平衡点所在年份打√)
			累计国内财政收入(税收收入、非税收收入)	累计国外财政收入(税收收入、非税收收入)	累计合计	累计功能楼宇所占面积比例	引入企业个数		引入科研机构个数		入住员工人数		其他			
							累计孵化器个数	累计加速器个数	累计院士工作站个数	累计高层次人才工作团队个数	累计高管人数	累计蓝领人数				
建设期	2017	608														
	2018	768														
建设/运营	2019	1200	0	0	0	24675	65	0	0	0	2	12	200	—	—	
运营期	2020	1200	625	3125	3750	77540	65	1	1	0	4	35	665	—	0	√
	2021	1200	1875	8750	10625	133650	65	1	1	1	6	60	1150	—	2	
	2022	1200	19375	19375	38750	183270	64	2	2	2	8	80	1600	—	5	

注:2017—2018年处于项目的建设期预招商阶段,招商费用主要用于项目宣传推广、招商渠道建立、意向企业对接以及招商人员工资。

续表

	年份	招商费用(万元)	累计财政收入(税收收入、非税收入)(万元)				招商运营服务产出										盈亏平衡点所在年份[财政收入(税收收入、非税收入)使用者付费]在盈亏平衡点年份打√)
			累计园内财政收入(税收收入、非税收入)	累计园外财政收入(税收收入、非税收入)	累计合计		累计出租面积	累计功能种类所占面积比例	引入企业个数		引入科研机构个数		入住员工人数		其他	获得的省级以上荣誉	
									累计孵化器个数	累计加速器个数	累计院士工作站个数	累计高层次人才工作团队个数	累计高管人数	累计蓝领人数			
运营期	2023	1200	6250	35625	41875		206390	63	2	2	3	10	90	1800	—	10	
	2024	768	8825	58125	66950		219640	63	3	2	3	10	100	1900	—	11	
	2025	768	11475	81875	93350		219640	62	3	2	3	10	100	1900	—	12	
	2026	768	14200	106875	121075		219640	62	3	2	3	10	100	1900	—	13	
	2027	688	17000	133125	150125		219640	64	3	2	3	10	100	1900	—	14	
	2028	688	19875	160625	180500		219640	64	3	2	3	10	100	1900	—	15	
	2029	688	22825	189375	212200		219640	64	3	2	4	10	100	1900	—	16	

续表

	年份	招商费用（万元）	累计财政收入（税收收入、非税收入）（万元）			招商运营服务产出									盈亏平衡点所在年份[财政收入（税收收入、非税收入）、使用者付费]（在盈亏平衡点所在年份打√）
			累计国内财政收入（税收收入、非税收入）	累计国外财政收入（税收收入、非税收入）	累计合计	累计出租面积	累计功能楼宇所占面积比例	引入企业个数		引入科研机构个数		入住员工人数		其他	获得的省级以上荣誉	
								累计孵化器个数	累计加速器个数	累计院士工作站个数	累计高层次人才工作团队个数	累计高管人数	累计蓝领人数			
运营期	2030	688	219375	25850	245225	219640	64	3	2	4	10	100	1900	—	17	
	2031	688	250625	28950	279575	219640	64	3	2	4	10	100	1900	—	18	
	2032	608	283125	32125	315250	219640	64	3	2	5	10	100	1900	—	19	
	2033	608	316875	35375	352250	219640	64	3	2	5	10	100	1900	—	20	
	2034	608	351875	38700	390575	219640	64	3	2	5	10	100	1900	—	22	

表 3.16 年度需要员工表:含人员(高管、白领、蓝领)、住宿、食堂等指标

年度	员工数(人)				人才公寓(m^2)				就餐人数(人)
	高管人员	白领人员	蓝领人员	小计	高管公寓	白领公寓	蓝领公寓	小计	
2019	11	79	135	225	674	1966	2022	4662	225
2020	35	247	424	706	2118	6178	6355	14651	706
2021	61	426	730	1217	3651	10649	10953	25253	1217
2022	83	584	1001	1669	5006	14602	15019	34628	1669
2023	94	658	1128	1879	5638	16444	16914	38996	1879
2024	200	600	1200	2000	12000	15000	18000	45000	2000
…	…	…	…	…	…	…	…	…	…
2034	200	600	1200	2000	12000	15000	18000	45000	2000

表 3.17　年度引入孵化器、加速器、科研机构技术指标表

序号	企业类型		主导产业	主导产品	使用面积 (m²)	位置安排	科研人员				企业来源	资源消耗情况				备注
	创业型	创新型					员工数量(人)	高层次人才(人)	从事科研人员的比例(%)	孵化时间(月)		污废排放(m³)	用电量(度)	用气量(m³)	用水量(吨)	其他
1		1	酶制剂	食品酶制剂、饲料酶制剂	415	工业技术	8	1	39	18	招商引资	1200	30000	35000	1500	经过调研，综合得出孵化器每平方米年度用电量70度、用水量2.5吨（功能糖1.5倍），用
2		1	酶制剂	生产聚合物、微生物制剂	415		8	2	37	18	合作伙伴	1200	30000	35000	1500	
3		2	功能糖	低聚果糖、低聚半乳糖	830	研究院	12	3	35	12	招商引资	2500	60000	70000	3000	
4		1	功能糖	淀粉糖	415		8	2	37	24	战略合作	1200	30000	35000	1500	

续表

序号	企业类型	创新型	创业型	主导产业	主导产品	使用面积(m²)	位置安排	员工数量(人)	科研人员 高层次人才(人)	科研人员 从事科研人员的比例(%)	孵化时间(月)	企业来源	污废排放(m³)	资源消耗情况 用电量(度)	资源消耗情况 用气量(m³)	资源消耗情况 用水量(吨)	其他	备注
5		2		功能糖	麦芽糖	660		8	2	36	12	战略合作	2000	50000	58000	2500		气量根据同类孵化器标准核算得出
6		1		功能糖	木糖、木糖醇	375		7	1	39	12	招商引资	1100	26000	32200	1400		
7		1		高端装备	电力设备制造、消防机械	415		8	2	27	24	股权投资	800	30000	—	1000		
8		1		新能源	生物质能	330		8	2	28	18	合作伙伴	600	23000	—	800		
9		1		新材料	石墨烯	290		7	1	24	18	合作伙伴	500	20000	—	700		
10		1		新材料	精密陶瓷	330		8	2	25	18	招商引资	600	23000	—	800		

表 3.18 引入加速器企业指标表（2019 年）

序号	企业类型	创业型	主导产业	主导产品	使用面积(m²)	位置安排	员工数量(人)	科研人员 高层次人才(人)	科研人员 从事科研人员的比例(%)	加速时间(月)	企业来源	销售收入(万元)	收入增长率(%)	税收增长率(%)	专利数量(个)	融资服务
1	创新型	1	酶制剂	食品酶制剂、饲料酶制剂	415		8	1	36	18	招商引资	150	30	20	0	需要
2		1	酶制剂	生产聚合物、微生物酶制剂	415	工业技术研究院	12	2	38	12	合作伙伴	160	20	12	0	—
3		1	功能糖	低聚糖、低聚半乳糖	500		8	1	39	24	招商引资	165	30	20	0	需要
4		2	功能糖	淀粉糖	910		12	2	38	24	合作伙伴	330	40	18	1	需要

续表

序号	企业类型		主导产业	主导产品	使用面积(m²)	位置安排	员工数量(人)	科研人员			加速时间(月)	企业来源	销售收入(万元)	收入增长率(%)	税收增长率(%)	专利数量(个)	融资服务
	创业型	创新型						高层次人才(人)	从事科研人员的比例(%)								
6		2	功能糖	木糖、木糖醇	870		8	1	35		18	股权投资	150	25	20	0	需要
5		1	功能糖	麦芽糖	415		8	1	35		12	招商引资	250	12	8	0	—
7		1	高端装备	电力设备制造、消防机械	580		12	2	38		18	战略合作	300	20	10	1	—
8	1		新能源	生物质能	500		12	2	36		12	招商引资	170	18	15	0	需要
9		1	新材料	石墨烯	540		8	1	37		18	合作伙伴	180	25	20	0	需要
10	1		新材料	精密陶瓷	540		12	1	35		18	招商引资	160	20	10	0	—

表 3.19 引入科研机构指标表（2019 年）

序号	所属产业	研发类型	使用面积 (m²)	位置安排	科研人员 高层次人才(人)	科研人员 从事科研人员的比例(%)	企业来源(科研院所)	研发设备投入(万元)	科研经费(万元)	专利数量(个)	科技成果转化收入(万元)	资源消耗情况 污废排放(m³)	用电量(度)	用气量(m³)	用水量(吨)	其他
1	功能糖	食品科学与工程	660	工业技术	3	70	高校	160	60	1~2	55	90	35000	42000	1800	
2	功能糖	生物工程	1000		4	75	中国科学院	250	90	2~3	80	130	52000	65000	2800	
3	功能糖	饲料添加剂	580	研究院	2	67	高校	145	50	1~2	50	75	30000	37000	1600	
4	高端装备	高端装备研发、制造及应用	330		1	65	跨境技术中心	80	30	1~2	30	35	17000	—	800	
5	高端装备	智能传感技术、机器人技术	250		1	60	校办企业	60	25	1~2	25	30	13000	—	600	

续表

序号	所属产业	研发类型	使用面积(m²)	位置安排	科研人员 高层次人才(人)	科研人员 从事科研人员的比例(%)	企业来源(科研院所)	研发设备投入(万元)	科研经费(万元)	专利数量(个)	科技成果转化收入(万元)	资源消耗情况 污废排放(m³)	资源消耗情况 用电量(度)	资源消耗情况 用气量(m³)	资源消耗情况 用水量(吨)	其他
6	新材料	碳纳米管制备及产业化技术研究	330		1	75	独立研究院	80	35	1~2	30	35	17000	—	800	
7	新材料	石墨烯	415		2	65	高校	100	40	1~2	45	38	22000	—	1000	
8	新能源	燃料电池	370		1	75	技术人才团队	90	35	1~2	40	33	20000	—	900	

表 3.20 引入孵化器企业指标表(2020 年)

序号	企业类型		主导产业	主导产品	使用面积(m²)	位置安排	员工数量(人)	科研人员		孵化时间(月)	企业来源	资源消耗情况					备注
	创新型	创业型						高层次人才(人)	从事科研人员的比例(%)			污废排放(m³)	用电量(度)	用气量(m³)	用水量(吨)	其他	
1	2		酶制剂	食品酶制剂、饲料酶制剂	1000		21	3	36	18	招商引资	3000	70000	91000	4000		经过调研,综合得出孵化器每平方米年度用电量70度、用水量2.5吨(功能糖1.5倍),用
2		1	酶制剂	生产聚合物、微生物制剂	545	创业孵化区	13	2	40	18	合作伙伴	1600	38150	45500	2000		
3		3	功能糖	低聚果糖、低聚半乳糖	1450		25	4	37	12	招商引资	4000	101500	112000	5000		
4		3	功能糖	淀粉糖	1350		25	4	37	24	战略合作	4000	94500	112000	5000		

续表

序号	企业类型 创业型	企业类型 创新型	主导产业	主导产品	使用面积(m²)	位置安排	员工数量(人)	科研人员 高层次人才(人)	科研人员 从事科研人员的比例(%)	孵化时间(月)	企业来源	污废排放(m³)	资源消耗情况 用电量(度)	资源消耗情况 用气量(m³)	资源消耗情况 用水量(吨)	其他	备注
5		2	功能糖	麦芽糖	1000		21	3	40	12	战略合作	3000	70000	91000	4000		
6		2	功能糖	木糖、木糖醇	1700		34	5	45	12	招商引资	5000	119000	147000	6300		
7		2	高端装备	电力设备制造、消防机械	450	创业孵化区	13	2	37	24	股权投资	1300	31500	—	1700		气量根据同类孵化器标准核算得出
8	1		新能源	生物质能	350		8	2	35	18	合作伙伴	700	24500	—	900		
9		1	新材料	石墨烯	400		8	2	37	18	合作伙伴	800	28000	—	1000		
10		1	新材料	精密陶瓷	380		8	1	38	18	招商引资	700	26600	—	1000		

表 3.21 引入加速器企业指标表（2020 年）

序号	企业类型		主导产业	主导产品	使用面积（m²）	位置安排	员工数量（人）	科研人员		加速时间（月）	企业来源	销售收入（万元）	收入增长率（%）	税收增长率（%）	专利数量（个）	献资服务
	创业型	创新型						高层次人才（人）	从事科研人员的比例（%）							
1	1		酶制剂	食品酶制剂、饲料酶制剂	540	创业孵化区	17	1	37	18	招商引资	200	25	20	1	—
2		2	酶制剂	生产聚合物、微生物制剂	1050	创业孵化区	34	2	43	18	合作伙伴	400	20	14	1	需要
3		4	功能糖	低聚果糖、低聚半乳糖	2400	工业技术研究院	60	4	45	24	招商引资	1000	30	25	3	需要
4		2	功能糖	淀粉糖	840	创业孵化区	25	2	40	12	招商引资	350	35	28	1	—

续表

序号	企业类型		主导产业	主导产品	使用面积(m²)	位置安排	员工数量(人)	科研人员		加速时间(月)	企业来源	销售收入(万元)	收入增长率(%)	税收增长率(%)	专利数量(个)	融资服务
	创业型	创新型						高层次人才(人)	从事科研人员的比例(%)							
5		1	功能糖	麦芽糖	750	科技产业园	23	2	37	12	股权投资	300	40	35	2	需要
6		3	功能糖	木糖、木糖醇	1500	工业技术研究院	45	3	41	12	战略合作	600	30	20	1	需要
7		1	高端装备	电力设备制造、消防机械	700	工业技术研究院	25	2	42	18	招商引资	260	40	30	2	—
8	1	2	新能源	生物质能	1600	科技产业园	46	3	43	12	招商引资	650	25	18	1	需要
9		1	新材料	石墨烯	500	工业技术研究院	15	2	36	12	合作伙伴	220	35	20	1	需要
10		1	新材料	精密陶瓷	600	工业技术研究院	15	1	37	12	招商引资	250	25	15	2	—

表 3.22 引入科研机构指标表（2020 年）

序号	所属产业	研发类型	使用面积 (m²)	位置安排	科研人员		企业来源(科研院所)	研发设备投入(万元)	科研经费(万元)	专利数量(个)	科技成果转化收入(万元)	资源消耗情况				其他
					高层次人才(人)	从事科研人员的比例(%)						污废排放(m³)	用电量(度)	用气量(m³)	用水量(吨)	
1	功能糖	食品科学与工程	1400	科技产业园	6	70	高校	900	110	3~4	270	200	550	5800	250	
2	功能糖	生物工程	2050	科技产业园	8	65	中国科学院	1800	180	4~5	400	320	8200	9400	400	
3	功能糖	营养保健食品	1800	大健康产业园	7	67	高校	1250	120	3~4	300	290	7300	8400	360	
4	功能糖	饲料添加剂	1800	工业技术研究院	7	70	高校	1000	100	2~3	250	280	7200	8200	350	
5	高端装备	高端装备研发、制造及应用	1200	工业技术研究院	5	60	跨境技术中心	600	80	3~4	200	150	3800	—	190	

续表

序号	所属产业	研发类型	使用面积 (m²)	位置安排	科研人员 高层次人才(人)	科研人员 从事科研人员的比例(%)	企业来源(科研院所)	研发设备投入(万元)	科研经费(万元)	专利数量(个)	科技成果转化收入(万元)	资源消耗情况 污废排放(m³)	资源消耗情况 用电量(度)	资源消耗情况 用气量(m³)	资源消耗情况 用水量(吨)	其他
6	高端装备	智能传感技术、机器人技术	500	科技产业园	2	75	校办企业	270	55	1~2	140	65	1600	—	80	
7	新材料	碳纳米管制备及产业化技术研究	750	工业技术研究院	3	65	独立研究院	300	60	3~4	200	90	2200	—	110	
8	新材料	石墨烯	850	工业技术研究院	3	70	高校	400	70	3~4	150	100	2550	—	130	
9	新能源	燃料电池	900	工业技术研究院	3	60	技术人才团队	500	60	2~3	150	100	2500	—	120	
10	大健康	营养保健食品	660	大健康产业园	2	65	校办企业	250	75	2~3	80	70	1700	—	90	

备注：上述附表中的数据是特定项目在特定市场环境下所拟合形成。

三、小镇类策划方案实例

《德平康养小镇策划方案》是当年特色小镇策划的经典之一,并成为某省省委党校授课培训的课堂案例。

德平康养小镇策划方案

(一)开篇记

千年德平,百年沧桑,十年匠心,一座小镇。

如果用一个地方来定义孝养,那就是德平。如果有一个地方来诠释游子,那也是德平。

春夏秋冬,万千变幻都非凡境;东南西北,去来澹荡洌是胜景。我们以工匠之心和愚公之志,打造一个生产、生活、生态融合发展的幸福德平。怀着对传统文化的深深敬意和对现代科技文明的孜孜以求,探索用现代文明实现传统文化复兴之路,构建一个自足、美丽、宁静的理想德平。

我们致力于向世人呈现一个独一无二的德平,把德平建设得更像"德平"!

(二)特色小镇之理解

(1)产业为核,建筑为体。
(2)比农村更文明,比城市更温暖。

特:当地特色产业、文化、建筑;

色:颜值高,建设起点高、规划水准高;

小:小而美、小而活、小而优、小而精;

镇:非城、非园、非村。

(3) 拥有独特的自然及人文历史景观,具有规模化和优势化的产业基础;区位上距一线城市(省会城市)主城区 30~50 公里,距离高铁站 30 分钟左右的车程;每年不少于 200 万人次的有效消费客群流量;不低于 1500 亩的用地指标。

(三) 小镇资源分析

本案指的是建设特色小镇所需的各类核心资源简要分析。

(1) 自然资源,现有基础较弱。山:无名山;水:无活水;园:无园林;泉:无温泉;林:无湿地森林。

(2) 社会资源,支撑度较好。交通有优势,毗连区位较好;古村落、故居、祠堂、寺院、历史遗迹等文脉遗产较为丰厚;产业文化属性不强,关联度不高,基础不牢;国家、省、市、县政策叠加,政策红利较多。

小结:政策成熟、时机成熟,有悠久的历史,丰富的文脉资源;产业缺少、载体缺乏、要素缺失,需要补强;小镇建设机遇与挑战共存,困难与希望同在。

(四) 小镇开发理念及定位

本案例指的是建设特色小镇的开发理念和战略定位。

面临三大挑战:产业基础薄弱;人气客群不足;知名度较低。

应对策略:构建实现城市文化与产业价值双向提升的系统化

解决方案,以"孝德康养"为核心内涵,让现代科技文明成为驱动中华传统文化复兴之路的基石!

开发理念:"让游子不再漂泊",实现文化活化;"让孝养不再遗憾",实现文化复兴。

战略定位:世界游子文化名片;全国孝文化体验基地;中国传统文化复兴样板。

开发愿景:小镇的开发建设,将以孝德康养为核心,传统文化为主线。呈现"创意创业创新交互,历史现代未来同现,生产生活生态共荣,宜居宜业宜游兼备"的新气象。

(五)小镇产业策划

以"一门、一岛、一街、一谷、一园、一市、一馆"七大主题功能区,构建小镇文旅产业集群,打造产业聚合、功能复合的小镇发展新路径,提高小镇综合承载力,成为推动区域发展的战略引擎(见图 3.12)。

主题一:孝之门

目标:打造小镇品牌形象展示区;孝文化展示、体验基地;国学教育基地。

意义:以"孝"为核心内涵,集中展示孝的故事、传承孝的精神、实践孝的行动;把家学教育与国学教育深度结合,打造一个受教育、受启发、能体验、可消费的文化商品。

主题二:情之岛

目标:塑造区域独特的婚礼文化品牌;建设乡土文化、非遗文

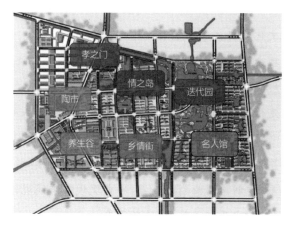

图 3.11 小镇总体规划示意图

化的承载地;打造文化资源商业化开发的示范区;探索名人酒文化开发的新路径。

意义:深入挖掘德平当地的文化资源,以"史"为纲,以"人物"线索为目,主打文化和名人两张牌,把德平独一无二的文化资源开发成不可替代的旅游资源,让德平的旅游品牌形象更加突显。

主题三:乡情街

目标:打造海外游子情感寄托的纽带;游子文化传播的名片;游子文化产业化开发的典范;鲁籍游子双创示范区。

意义:以孟郊为文化起点,通过对游子文化内涵的系统挖掘,唤起人们对游子文化的关注和情感共鸣,描绘出德平的第二张文化名片,成为以情促产、推进小镇跨越发展的助推器。

主题四:养生谷

目标:打造大健康方向医养结合示范区;田园式养老样板地;

旅居式养老目的地;全家庭微度假目的地。

意义:通过多元化、多业态养老产品的开发,以先进的理念、科学的手段、优质的产品,为高端客户群提供高品质的养老消费产品,打响小镇身心双修、养生福地的品牌。

主题五:迭代园

目标:打造戏曲界民间版星光大道;寻找儿时记忆的乐园;老人康体乐园;戏曲文化百科全书。

意义:通过相关公共设施载体建设,实施差异化发展战略和竞争策略,聚集小镇发展的人气,提高人民群众的获得感,提升小镇综合承载力。

主题六:德平陶市

目标:打造民间淘宝第一街;现代版清明上河图;鲁西北商贸第一镇。

意义:通过对德平现有街区的升级改造,按照"修旧如旧"的风格,为街区开发引入新模式、导入新业态、植入新元素,推动小镇成为引领区域新消费的高地,培育一二三产联动,历史现代未来同现,生产生活生态共荣的新街区,重现昔日繁华、赋能未来。

主题七:名人馆

目标:站在当下,与历史对话;俯下身子,与当代对话;重温经典,激发共鸣。

意义:通过系列展馆建设,让德平熠熠生辉的历史重现光芒,增进人们对德平历史的认知,增加德平人对家乡的认同感和归属感,找寻游子文化集中展播的新平台,铸牢德平重建的精神支柱。

(六) 项目汇总及投资模式

德平康养小镇共策划41个项目,项目用地2197亩,项目总投资约30亿元,其中EPC(设计、采购、施工)项目共21个,总投资约10.7亿元;O&M(委托运营)项目共5个,总投资约2.3亿元;招商引资项目共15个,总投资约17亿元。具体如表3.23。

表3.23 德平康养小镇项目汇总表

功能区	序号	项目	用地估算(亩)	投资估算(亿元)	投资方式
孝之门	1	小镇地标(孝之门)	2	0.05	EPC
	2	二十四孝教育基地	20	0.2	EPC
	3	文房四宝会馆	10	0.1	EPC
	4	国学馆	10	0.1	EPC
	5	孝先泉	5	0.05	EPC
	6	招商展示中心	3	0.1	EPC
	小计	/	50	0.6	/
情之岛	7	故婚礼举办及婚纱摄影基地	50	0.6	招商引资
	8	古酒坊	30	0.5	招商引资
	9	诗词会馆	15	0.1	EPC
	10	创意街区	50	1	EPC
	小计	/	145	2.2	/

续表

功能区	序号	项目	用地估算（亩）	投资估算（亿元）	投资方式
乡情街	11	游子工坊	100	1	招商引资
	12	华人礼品定制区	100	1	招商引资
	13	民俗DIY	50	0.3	EPC
	14	桑梓创业(意)区	50	0.4	EPC
	15	华人(侨)讲坛	2	0.05	EPC
	小计	/	302	2.75	/
养生谷	16	老年大学	20	0.2	O&M
	17	禅学院	10	0.2	EPC
	18	照顾中心	20	0.3	招商引资
	19	康体中心	20	0.3	招商引资
	20	营养膳食中心	10	0.3	招商引资
	21	小型综合医院(二院)	/	/	/
	22	无障碍步道	5	0.05	EPC
	23	代际亲情住宅	150	3.6	招商引资
	24	邻里中心	150	3.6	招商引资
	小计	/	385	8.55	/
迭代园	25	百戏园	20	0.2	EPC
	26	撒野公园	200	2	EPC
	27	桑榆公园	200	2	EPC
	28	水上乐园	100	2.5	招商引资

续表

功能区	序号	项目	用地估算（亩）	投资估算（亿元）	投资方式
	29	地方戏曲博物馆	20	0.2	EPC
	小计	/	540	6.9	/
德平陶市	30	街区升级改造	/	0.5	EPC
	31	乡村酒吧	100	1.2	招商引资
	32	美食街	100	1.2	招商引资
	33	德平驿站	5	0.1	EPC
	34	淘宝街区	20	0.3	招商引资
	35	古玩市场	20	0.3	招商引资
	36	VR科技体验馆	30	0.3	O&M
	37	影视街区	10	0.3	招商引资
	小计	/	285	4.2	/
名人馆	38	临邑（德平）名人馆	30	0.6	O&M
	39	鲁籍海外知名华（侨）人馆	30	0.6	O&M
	40	蜡像馆	30	0.6	O&M
	小计	/	90	1.8	/
基础设施配套	41	广场、道路、绿化等相关市政配套	400	3	EPC
	总计	/	2197	30	

第四章　园区规划设计

　　一个城市的工业地产多大规模才是合理的呢？有人思考过这个问题吗？以中等规模城市为例，它的商场面积和商业写字楼的楼宇面积又该如何科学配置呢？

　　一个中等规模的城市，它的楼宇面积配置不是没有规律可循的。一般来说，从顶层设计入手，按照人均住房面积 40 平方米左右规划城市住宅总量是合理的，按照每 2 万元 GDP 造一平方米写字楼是比较合理的。而大城市资源利用效率较高，开发成本也较高，大体上可按照每一平方米 4 万元 GDP 产出来倒推配置。如果一个城市明显偏离这个水平，则很可能会造成资源过剩，以及去化压力增大。

　　同理，商场的投资建设也应基于一定基准来测算。一个地区的商业零售额差不多按每年每平方米 2 万元销售额来统筹安排，即坪效测算法。或者按人均 2 平方米商业来规划建设，与实际需求不会偏差太大。考虑到互联网时代电子商务的蓬勃发展，对传统商业的冲击加大，线下商业投资还应该适当减少。当然，上述指标参数是平衡的，内在之间有些关联性。否则，就会出现供大于求、总量过剩。

　　依此类推，一个城市的工业地产投资，尤其是标准化厂房面积的建设也不是没有上限约束的。按照产值约束机制来测算，即假定一个城市设定每年新增 GDP 若干亿（扣除第一产业和第三产业的增加值），预估厂房每年每平方 GDP 产出，则一个地方每年需要新增工业地产面积就可大体推算出来。

在园区规划设计内容之前专门阐述商业和工业地产的投资逻辑，是为了让产业园区建设投资的决策者和参与方更加理性，避免投资冲动，减少规划浪费。规划设计是一门永远带有遗憾的艺术，但不应成为盲目规划的噱头。切记，规划浪费是最大的浪费，也是最应该避免的浪费。

第一节　园区规划原则

从产业发展维度，我们把园区规划的最高法则总结为"三个有利于"，即有利于降低投资成本，有利于产业集聚，有利于运营管理。园区规划要有基本的产业发展逻辑，基于园区产业基本定位和主导产业细分领域行业企业客户需求，吸收国内外同类园区规划设计在经济合理性、空间适用性、管理实用性等方面的成功经验，为实现"招得来，留得住，养得大"的园区产业发展目标准备好基本条件。

从空间协同维度来看，园区规划既不是孤立的，也不是静态的。我们需要用发展的眼光、全局的思维去理解产业园区，园区规划才能有持久生命力。至外而内，园区规划需要注意园区与城市、园区与园区、园区内部之间的关系。我们经常提及的四大规划,是一个有机整体,前后相连、相互关联。即以战略规划为先导,以空间规划为约束,以产业规划为核心,以专项规划(交通路网、电网等专项)为支撑。

产业园区不再是孤立的单一最终产品,而是可以刺激和引导后续开发的重要因素。20世纪80年代,美国建筑师韦恩·奥图(Wayne Atton)和唐·洛甘(Donn Logan)针对美国本土城市建设的许多重建案例,创造性地提出了"城市触媒"的概念。城市触媒是能够让城市结构发生变化,并能革新城市发展速度和理念方式的元素。按照城市触媒理论,触媒作用是一个由小及大的过程,发生连锁反应后,根据反馈可调整和控制触媒点,使其向着更优方向发展。产业园区也是一个区域发展的"点触媒",利用这个点触媒的磁力和张力,聚集产业、吸引人气,使得区域需求和功能多样化,形成园区和所在城市的良性互动和触媒反应。

建筑大师沙里宁曾说:城市是一本打开的书,从中可以看到它的抱负。园区是城市发展的"起搏器",理应也是观察城市抱负的"惊鸿一瞥"。城市和园区彼此成就,园区与城市相互共生,好的园区规划要充分考虑二者之间战略上协同、功能上互补、端口上衔接,尤其是在专项规划上要借力使力、以窗借景。具体来说,如果园区毗邻城市核心,园区的一些内置功能就可"外挂"。包括职工公寓、员工食堂、商业配套、休闲健身等基本职能就近解决,可以让园区的生产职能充分释放。又如,在交通路线和交通工具的选择上,园区和所在城市若能无缝接驳,员工出行能自由换乘,那么园区在停车位、充电桩的配比上就能适当减少投入。

此外,一些特定园区与城市具有一定的"孪生"关系,像文创型园区,属于典型的流量经济。如果园区远离城市核心,园区在客群培育、吸引客流上就要付出更大成本,自身发展也会受到极大制约。以此观之,天津智慧山文化创意产业园、北京798文创街区、上海虹口1933老场坊等国内著名文创园区,成功肯定有多种原因,但其共同点无一不是位于城市的中心位置。

园区与园区之间是竞合关系。相邻两个园区之间如果产业定位雷同,尤其是隶属于不同行政区域的园区,那么竞争就会大于合作。但如果两个园区之间相距半径不远,且产业方向一致,产业链分工属于垂直上下游,它们之间可以进行有效协同,合作就会大于竞争。园区与园区之间应树立起"加油站思维",不能因为加油站生意好,就争相去开加油站。而应是张三开个加油站,李四开个洗车店,王五开个汽修店,后续其他人再开快餐店……有一句老话形容人与人之间的关系,说得很贴切:相互补台,好戏连台;相互拆台,一起垮台。人与人之间关系如此,园区与园区之间也类似。20世纪五六十年代,人们对园区的概念尚未完全成型,但当时的厂区应该说已经具备了现今园区的雏形。让不同厂区之间实现有效互搭,已成为当时决策者的下意识选择。比如一个钢铁厂的不远处就会有一个纺织厂,从产业的角度来看,钢铁产业和纺织产业似乎风马牛不相及。但有点常识的人都知道,钢铁厂的男工多,纺织厂的女工多,如果两个厂区就近选址,就可以增加两厂职工的交往频率,自然就解决了大龄青年面临的婚姻择偶问题。夫妻双方成家后在临近厂区工作,有利于职工照顾家庭,减少后顾之忧。实现职居平衡、产城融合。这是上世纪园

(厂)区与园(厂)区关系的一组写照,没什么深刻的道理,就是很单纯的想法、最朴素的逻辑。现代园区与园区之间要考虑的维度更多,不仅在产业、功能、区位等方面要兼容互补,错位发展,在建筑形态、建筑风格,甚至外立面设计方面也要统筹考虑,外观要有区分度,尽量避免千"园"一面。如果园区的建筑形态单一,兵营式分布,黑白色搭配,就激不起从业者的入园兴趣,带来后续招商难度增加。

园区内涵式与外延式规划要相得益彰,内部规划要练好基本功,合理划定功能分区,明确各功能板块配比。一般生产型园区的粗线条功能配置比例为 7 : 2 : 1(按建筑面积算),即园区 70% 的职能用于生产,20% 的职能为生产性配套物业(比如仓储物流、研发等),10% 的职能用于生活配套。通俗说法就是"两区"比例,即生产性区域和非生产性区域配比。同时,要划定各功能区在园区内的坐标和设计指标,合理设定园区精神堡垒、景观小品、交通动线和货物进出等,既能集约节约利用物理空间,又让各功能区和谐统一。

不同的区位、不同的产业门类、不同的园区发展目标,可以有不同的规划目标,园区内部在功能和价值上实现"错配"。对于位置优越的园区,沿街可以适度提高开发强度,以提高"商业价值"。而园区内部低层低密度开发,以优化产业发展环境、释放产业价值为主。

此外,在规划上也考虑园区地下和地上空间的综合开发利用。原则上地下空间的开发要适度,开发地下空间建设成本会大幅增加。在成本控制和功能优化配比上,要综合权衡利弊得失,做到两利相权取其重,两害相权取其轻。

在园区内部规划上,要有"产业留白"的思维,所谓"宁流口水,不流眼泪",抱持对未知的敬畏之心,为园区未来产业发展适度预留空间。园区越大,则园区面临的不确定性越强,规划留白就为园区未来发展设置弹性、留有余地。

1930年,著名建筑学家梁思成先生在《天津特别市物质建设方案》中,第一次借助古罗马建筑理论家维特鲁威(Vitruvius)的"建筑三原则",以用于讨论中国传统建筑。按照梁先生的观点,所谓美好之建筑,至少应包括三点:美术上之价值;建造上之坚固;以及实用上之利便。中国旧有建筑,在美术上之价值,色彩美轮廓美,早经世界美学家所公认,毋庸赘述。至于建造上之坚固,则国内建筑材料以木为主……难于建造新时代巨大之建筑物。实用便利方面,则中国建筑在海通以前,与旧有习惯生活并无不洽之处。"建筑三原则"应该是平行关系,梁先生特意把"美术之价值",即建筑美学,置于"建筑三原则"的首位,是否受到其夫人林徽因女士的影响就不得而知了。

简单来说,建筑规划不能脱离美观、安全和实用三方面。这也应该是建筑规划最基础、最朴素的原则。随着时间的推移,除了满足三原则,现代建筑投资规模大、能耗高,所以对建筑的经济性和环保性要求越来越高。通过规划调整、设计优化,对降低项目总投资、提高经济性都有重要意义。在"碳达峰、碳中和"国家战略的驱动下,建筑能耗指标日益受到关注。建筑物的环保性如何通过源头规划来体现,是摆在建筑规划界同仁面前的重要课题。2022年6月30日,住房和城乡建设部、国家发展改革委联合印发的《城乡建设领域碳达峰实施方案》提出,要优化城市建设用能结构,推进建筑太阳能光伏一体化(BIPV)建设,到2025年新建公共机构建筑、新建厂房屋顶光伏覆盖率力争达到50%。非环保、不建筑。这就从政策源头决定了建筑物新增的规划原则——环保。

新时代、新理念、新要求,规划理念也要与时俱进,"3+2"即安全、实用、美观三原则,再加上经济、环保二原则,这五大原则应是现代建筑遵循的重要指导原则。同时,这里需要注意的是我们论述的建筑原则概念,有别于包括园区项目在内的项目规划条件范畴。一般意义上的项目规划条件也就是"六要素","六要素"是政府相关部门制定并经公开发布,必须严格执行的规定。"六要素"从项目定性和定量两方面进行约定,具体是指用地性质、用地面积、用地红线和建筑红线、限高、容积率、建筑密度六个方面。

这里就园区规划经常用到的技术经济指标类专有名词进行解释。

建筑高度指室外地坪到屋面面层的高度。一般情况下,屋顶上的水箱间、电梯机房、排烟机房和楼梯出口小间等不计入建筑高度。

建筑密度指一定地块内所有建筑物的基地总面积占用地面积的比例。是衡量地块容量和环境质量的重要指标。

容积率指在建设用地范围内所有建筑物地面以上各层建筑面积之和与建筑用地面积之比。需要说明的是,上述容积率概念不严谨,没有涵盖对容积率折算的例外情形和地方管理规范。比如，一些民用地下设施达到一定层高和使用功能是需要计容的。地上建筑物单体层高超过一定高度，在容积率计算时需要乘以一定倍数。关于容积率的要求，产业园区有最低容积率（省级开发区一般不低于1.0）的要求，而其他住宅和商业地产有最高容积率的限制。这是关于容积率概念容易被人忽视的常识。

第二节　园区设计原则

如果说"安全、实用、美观、经济和环保"建筑规划五原则是"纲"，那么"方位、大小、材料、比例和颜色"建筑设计的五要素则是"目"，即任何设计都由方位、大小、材料、比例和颜色构成。

建筑规划是"蓝图"，建筑设计则是"施工图"。建筑设计是艺术性、功能性和个人意志共同表达的产物。无论设计实现的路径是"先功能后形式"，抑或"先形式后功能"，具象呈现的方式都要通过方位、大小、材料、比例和颜色来呈现。方位、大小和比例是空间要求，材料是功能要求，颜色是审美要求。他山之石，可以攻玉。下文中我们通过对标具体项目，在国内外各摘选一个产业园区（产业新城）案例，学习借鉴优秀的规划设计成果。

例 1　日本丰田编织城市：

"编织城市"坐落在日本富士山下，其规划设计旨在通过基于历史和自然的科学技术，让人与社区取得更为紧密的联系。通过生态氛围营造、科技氛围营造、宜居氛围营造，构建"智慧社区，未来城市"。

生态氛围营造。将太阳能、地热能和氢能源等环保能源，以及雨水过滤等技术运用到项目中，构建一个碳中和的社会。另外大规模采用碳隔离木材建造，减少大气中 CO_2 的含量，来确保社区全天候的生机与活力，构建人与自然的和谐发展。

科技氛围营造。以编织的形态打造交通路网，形成网格状的城市肌理，打造人工智能和分级交通为主导的城市空间。同时在网格中运用无人驾驶、智能零售、移动餐饮、移动医疗、移动办公、共享交通等一系列先进科技，打造科技感十足的未来智能住所。

宜居氛围营造。按移动速度不同，把常规街道划分成三部分，机动车道、非机动车道、人行道，来实现更安全、行人友好型的人车关系，另外还配套有杂货店自动送货、洗衣服务和垃圾处理等，来辅助居民的日常生活，营造浓厚的宜居氛围。

例 2　中国苏州金鸡湖：

作为苏州工业园区最核心的滨湖区域，金鸡湖景观资源绝佳，是苏州最亮丽的城市名片。景观以湖区为核心精心规划城市广场、湖滨大道、水巷邻里、望湖角、金姬墩、文化水廊、玲珑湾、波心岛 8 个分区，同样通过生态氛围营造、科技氛围营造、宜居氛围营造等手段，打造开放的城市湖泊公园，为使用者提供丰富有趣的滨水公共景观,吸引大量人群参与,是苏州名副其实的城市会客厅。

生态氛围营造。环湖部分区域通过环境综合整治和提升,种植耐淹乔木(水杉、落羽杉等)、挺水、沉水植物(荷花、旱伞草、鸢尾等),帮助鱼类、螺丝、河蚌等生物营造更加舒适的栖息地,改善金鸡湖整体的自然生态系统。

科技氛围营造。金鸡湖大桥利用数码灯光等高科技手段呈现出的五彩数码瀑布从桥上飞流而下,"流动"时可呈现不同的图案和文字,同时所有水中栈桥桥面全部采用隐藏式LED照明形式,带来完美视觉享受。

宜居氛围营造。整合周边景观资源,打造邻水空间、水上栈道、小广场空间、风雨连廊、环湖慢行步道等,形成环湖景观带,通过增设救生设施、导视系统、坐凳、垃圾桶等,丰富城市宜居空间,凸显城市生活活力。

第三节 策划、规划与设计之间的联系与区别

策划、规划和设计之间是剪不断、理还乱的关系,三者间既是自上而下的垂直联系,也是环环相扣、机理相通、骨肉相连的内在联系。策划是"道",规划是"术"。策划是描述未来,规划是表达

当下。策划是无中生有,规划是有中生优。策划是如何生钱,规划是怎么省钱。

项目的策划攸关项目成败,是项目的顶层设计,是项目发展愿景的清晰表达。园区项目的策划主要从战略、产业和投资运营三个角度去思考和论证。战略上侧重分析时机是否成熟、取舍是否得当、资源能否覆盖、能力是否匹配等。产业视角主要论证定产业目标、产业定位、产业周期以及产业实现路径等问题。投资运营具体指向投资规模、投资收益、回报周期、投资风险以及运营团队、运营制度、运营目标等。策划通过意味着项目开启了正式实施的闸门,是项目实施前的关键一步。

策划是愿景,规划则是愿景引领下绘制的作战地图。规划要解决的是园区物理空间的构成。工作的主要输出成果是概念规划(简称"概规")和修建性详细规划(简称"修规"或"详规")。

上位规划是个相对概念,按层次顺序排列,自上而下有国民经济和社会发展规划、区域和城市发展规划、概念性规划、控制性规划、修建性详细规划等。在区域和城市发展规划中,又融合着土地规划、交通规划、水土保持规划、产业规划等各类专项规划。总规、概规、控规、修规之间的关系,参见图4.1。

而设计是规划方案的指标化、具象化。在艺术景观、微景观、外立面、内部装修等领域,大家习惯用"设计"一词,比如景观设计、外立面设计等,而不用景观规划和外立面规划,更多是出于日常用语习惯,也不经意间突显了设计工作主要面向终端应用场景。

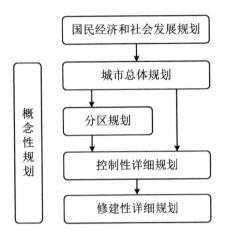

图 4.1　总规、概规、控规、修规之间的关系图

下面着重谈谈园区项目概念规划和修建性详细规划的编制要点。

1. 概念规划的编制要点

概念规划主要是结合项目所在城市,针对项目发展中具有方向性、战略性的重大问题进行研究分析,从经济、社会和环境的角度提出项目发展的战略目标和综合指标,以供决策者参考。概念规划是项目可研编制的重要参考依据,其编制要点如下:

设计特色。共享服务、绿色环保、运动健康、科技元素、区域性文化艺术元素、智能园区元素等体现项目核心特色。

功能构成。产业园区通常包含生产、产业服务及生活服务功能,通常生产功能占比70%～80%,生产及生活配套服务功能占比20%～30%(按建筑面积计)。功能构成比例因项目而异,不会一成不变,切记生搬硬套。

功能布局。功能布局符合生产流线组织,减少生产功能与生活功能的相互干扰,观感良好,疏密有度,价值实现。

容积率。规范要求工业用地容积率一般不得低于1.0。与功能构成类似,项目容积率也不是一成不变的。

空间设计。大小兼顾,能分能合。

开发实施。若项目分期实施,需要根据开发计划,分阶段建设区域功能完备、独立运营的项目单元。

2. 修建性详细规划的编制要点

修建性详细规划是以总体规划和分区控制性规划为依据,编制项目建设用地范围内各项控制指标和其他规划约束性指标,为园区开发建设提供指导。修建性详细规划是实施过程中承前启后的重要一环,不仅是项目报规报建中必不可少的硬性要求,更是项目合法性手续"四证"办理的必要条件,其编制要点如下:

空间布局。空间布局是否有利于生产的组织,是否便于后期的运营管理。

建设内容。建设成本是否合理可控,建设内容是否符合产业需求,载体内容的适配性等。

投资估算。投资方式、资金来源和回报周期等是否科学合理。

产品业态。建筑和空间是否满足生产需要和市场预期;建筑形态、空间形象是否能体现区域特色和产业特征;主体构造和结构选型是否有利于施工。

市政设施。项目的供排水、电力、交通、燃气等市政设施,能够满足功能需要并降低运营成本。

第四节　园区规划设计管理

按照规划设计工作的特征,园区规划设计管理在项目市场拓展、框架协议、招标采购、项目中标、项目建设、招商运营等不同阶段,其工作要点各有侧重。

一、市场拓展阶段

市场拓展阶段为项目接触至签订框架协议前,该阶段需完成规划设计准备工作。一是要充分收集规划基础资料,事先要全面梳理概念规划设计资料清单,按照清单收集相关规划资料;二是要开展实地考察,重点排查地块不利因素,包括大型市政廊道穿越、邻避设施干扰、公共配套、同质产品竞争等,详细编写项目地块情况说明,供投资决策层确认项目地块的潜在价值;三是要根据项目所在区域及项目特征,选定意向规划设计单位,准备开展概念规划编制工作。

规划设计单位的选择是市场拓展阶段的一项工作,一般由单位的规划设计部门牵头,必要时建立设计供应商库,择优选择意向供应商,根据园区项目大小不同,选择2~3家设计单位进行概念方案比选,根据优胜方案最终确定规划设计单位。

二、框架协议阶段

框架协议阶段指项目签订投资运营合作框架协议后至项目挂网招标前,该阶段规划设计工作的重点为完成概规方案。概规方案需解决的问题和编制要点,前文已有,不再赘述。概念规划启动编制的条件一般是产业策划方案编制完成,以及与规划方案相关的基础资料收集完毕,作为概念方案的编制依据,形成设计任务书交由设计单位。概念规划编制过程中,如因项目实际需求,需对上位规划进行调整,应及时与业主单位沟通,协调政府相关部门予以解决。

三、项目采购阶段

项目采购阶段为项目挂网招标后至项目中标前,该阶段规划设计的工作重点为完成修建性详细规划。修建性详细规划内容深度应符合行业规范及当地规划管理制度,同时为满足启动要求,应同步完成示范区的施工图设计。一般情况下,在概念规划方案获业主单位认可后方可启动修规编制,同时应完成项目招商运营方案,作为修建性详细规划编制的参考文件,形成修建性详细规划设计任务书交由设计单位。如在项目实施推进过程中,有企业达成入驻协议,相关部门应及时向规划设计单位反馈,组织设计单位根据企业需求定制生产及配套空间。

修建性详细规划在组织专家会前,有条件的单位可组织内部评审会,积极邀请设计领域专家、产业领域专家和产业界代表参与审查,确保设计成果的科学性。修建性详细规划评审、报规等以当地的规划管理制度为准。

四、项目中标阶段

项目中标阶段为项目中标后至项目全面启动施工前,该阶段的工作重点是完成施工图设计及审查,为全面启动施工做准备。一般情况下,修建性详细规划获政府审定通过后,要形成施工图设计任务书交由设计单位,全面启动施工图设计工作。施工图设计内容深度应符合行业规范及当地规划管理制度,包括:完成土建各专业技术设计;完成营造做法、材料、部品、设备的选用;结合项目需求,施工图设计过程中同步开展景观、精装修、供电规划、智能化、泛光等专项设计工作。如在项目推进过程中,入园企业达成了实质性入园协议,则应组织设计单位配合入园企业进行二次深化设计工作。

施工图送审前,应组织内部会审,并邀请专业机构、意向入园企业提供技术支持或给予改进建议,重点对方案经济性、可实施性等进行审查,鼓励运用新技术、新工艺、新材料,按照"三个有利于"的原则,优化设计方案。

五、施工阶段

施工阶段为项目启动全面施工至竣工验收，该阶段规划设计工作的重点是配合项目施工及报规报建。施工开始前，应组织设计单位进行各专业的现场交底。施工过程中，因业主、施工方等提出设计变更诉求，应评估设计变更的必要性，并进行必要的协调及技术论证。同时，为保证产品质量，需要对关键性工程材料的选用及封样进行管控。

六、运营阶段

运营阶段为项目正式投入运营后，该阶段规划设计工作的重点为配合对园区的软硬环境进行更新维护。因入驻企业需求或运营管理的实际情况，需对规划功能组织进行优化调整，不涉及空间及建筑改造的，应深入研究后形成具体调整方案并经运营机构认同后再行实施。如重点招商项目需对园区空间或建筑进行改扩建，应在充分评估并征得业主单位同意后，启动改扩建程序；如涉及行政许可变更、规划设计变更，则按相应程序办理。

第五章 园区招商

"双招双引"是区域经济发展的重要驱动力,也是地方政府最重要、最紧迫的任务之一,毕竟发展才是解决一切问题的金钥匙。招商也是园区人永恒的话题,招商成果一定程度上决定着园区发展的成色。谈园区招商,我们应该知道园区发展和演变的历史进程,了解其前世今生,知其兴替,才能更好掌握园区招商要领。

概括来说,中国园区发展经历四个阶段:

第一阶段,单一职能发展阶段,即园区1.0版。这一阶段园区的主要职能单一,仅以满足园区生产功能为主的独立存在,不具备产业链上下游集成和综合配套功能。

第二阶段,随着市场经济的不断发展变化,以生产为主导的园区对要素配套需求越来越高,要素配置效率也越来越快,单一职能型园区优势不再,产业集群、产业链导向型的园区逐渐成形,即园区发展的2.0版。

第三阶段,产业集群化并非一劳永逸,产业链导向型园区忽略了最关键的因素"人"。人是园区和产业发展最核心的要素,也是最大的变量。产业职能实现后,如何提高"园工"的积极性和创造性,提升满意度和获得感,就对园区职能提出了新的更高要求。于是,更多资源配置倾向于"园工"需求,衍生出包括职工餐饮、公寓、影院、健身房、咖啡屋、卫生所等非生产要素。产业社区型园区应运而生,这是园区发展的3.0版。

第四阶段,是园区发展的最高阶段,即园在城中、园城共生、产城融合。这一阶段园区自循环系统得以建立,产、城、人、文等各要素相得益彰,自身能够实现良性循环,园区具备城市的雏形,城市被"浓缩"在园区。这是园区发展的4.0版。

第一节　园区招商方式

我曾在多个场合说过,招商不是简单的动动嘴、跑跑腿,招商本质上是一种价值互换行为。但这并不意味着招商没有方法论、无捷径可走、不需要技巧。

实践中常用的招商方式分类包括:

要素招商。即以土地、人才、技术、资金等单一或多重要素相组合的方式实现招商目标。资本招商就是典型的要素招商形式。

以商招商。即以落地项目为基础,以信任为纽带,定向开展具有现身说法性质的"圈层招商",实现以"老"带"新"、以"熟"带"生"。

产业链招商。即以龙头企业带动为推力,以延链补链为路径,以产业嵌入为手段,以产业集群打造为目标的招商形式,具有一定的自发性。

委托招商。或称之为中介招商,即为完成一定时期和一定区域的招商任务,委托第三方进行相关招商活动并为此支付相应费用的招商形式。

  产业链招商尤其需要重视的是,如果落地产业不是产业的关键环节,产业链招商的效果必然会大打折扣。产业链招商的方式只可借鉴、不能复制。例如,如果拥有整车或飞机制造等产业能力,产业链招商就比较容易实现。如果处于产业链的中下游某一产业环节,对整个产业的拉动和促进作用不大,处于产业的从属地位,产业链招商就难以大行其道。比如,山东省 DZ 市有中国调味品之都的美誉。同属山东省的 Y 市,城市名片为中国功能糖城。虽然两地的产业特征鲜明,细分领域的市场占有率很高,但两地利用自身产业优势所促成的招商效果差强人意。何为?因为调味品和功能糖只是辅料,本质上是一种食品添加剂,其价格、产量等对食品产业的整体塑造作用不大、吸附能力不足。产业链招商的逻辑对,但路子偏。行业内有行业三权的说法,即行业话语权、规则主导权和价格制定权,行业三权内在左右着产业链招商的效果。

第二节　招商活动管理

  招商活动管理是通过编制招商活动工作指引,对招商活动进行总体指导,以规范招商活动的策划和组织,保证招商活动有方向、有计划、有目标地实施推进,使招商活动达到最佳效果。招商活动是计划性、组织性极强的社会活动,成功与否只有一次机会。招商活动的开展吃力、劳神、烧脑、费钱,机会成本高。失败了便一切归零,复盘几无意义。会前的充分走访调研和意见征集是基础,议题设置和会务组织是保障,意见梳理和持续跟踪是根本。

一、活动类型

常见的招商活动有以下几种。

(一) 主题沙龙

主题沙龙主要指规模较小、议题简要、非正式化的,由行业内的企业聚集在一起,围绕一定主题进行深入探讨的活动形式。

活动特点:氛围轻松,主题明确,备有酒水糖茶,或夹杂娱乐活动。

活动地点:酒店或会议室等。

参与人数:一般不超过30人,人数少而精、专而特。

活动时间:一般2~3个小时。

议题设置:沙龙议题必须要对大多数嘉宾有重要意义,并要避免将话题设置得太广泛或太模糊,这会让沙龙活动变得议题分散、缺乏重点。

活动主持:一般由主办或承办方中层以上人员担任,并有相当的专业背景,能够合理引导议题探讨和嘉宾进行分享,确保会议现场氛围和互动交流频率。

一般企业中高管比较喜欢的商务活动,能够深入了解企业需求,及时掌握企业动态。活动前期组织难度较大,但活动效率高,具有靶向招商的特征。

(二)座谈会

座谈会是一种圆桌讨论会议,有明确的会议议题和会务议程,围绕某一个或一类话题进行交流研讨的组织形式。

会议特点:主题明确,政府主导,企业主体,会议正式。

参与人数:参会人员可多可少,但要具备一定的条件,比如部门、职务、级别、分管领域等。

会议主持:一般为组织方的主要领导,能够把握会谈节奏,控制时间,挖掘有效信息,及时提问及回答。

会议地点:商务酒店、企业会议室或政府会议室等。

会议时间:可长可短,一般控制在 2.5 小时左右。

座谈会是相对容易开展的招商活动,议题选择较为开放自由,时间和场地没有太多限制,人数多寡可以调整。但总体来看,座谈招商的成效了了,从注重实效的角度建议少召开,没必要不召开。

(三)茶话会

茶话会是指以联络感情、畅所欲言、各抒己见为主题而组织的会议、聚会。

会议特点:气氛轻松,穿插节目演出,配有点心或地方小吃。

举办时间相对固定,一般在元旦或春节等重大节庆日前。

参与人员:人数不等,少则十几人,多则上百人。与会人员阶层广泛、话语权威。

会议议题:茶话会不同于座谈会,可以主题明确,但议题多样、话题轻松。氛围活跃,能引起大家情感共鸣。

茶话会以官方或半官方举办为主,既有感情交流,也有答谢之意。招商活动更偏商务,茶话会这种方式一般不宜举办。

(四) 推介会

推广介绍的大会或活动,旨在促进双向交流和了解,帮助企业或政府宣传自己的产品、服务和政策,为合作双方搭台唱戏的一种促销形式。

会议特点:气氛轻松,备有茶水,会场摆放宣传资料和产品。

会议议题:推介产品、服务或地方优势、产业政策。

参与人数者:为保证会议质量,参会人员要达到一定规模,一般人数较多,并非多多益善。

会议地点:星级酒店或大礼堂。

会议时间:一般不超过2.5小时,时间太久往往适得其反。

为保证会议成效,一般需要事前发函邀请确认,会议组织方需要做好沟通与铺垫。推介会是政府主办方最常用的招商形式,随着各地纷纷效仿,推介会重形式、轻内容,一哄而上、一哄而散,实际招商效果差强人意。

二、招商活动效果评价

招商实质上是地方政府竞争力之间的比拼,不少地方都把"双招双引"列为一把手工程,顶格倾听、顶格服务。招商活动更加精准化,靶向招商成为重要发展取向。中介招商、线上招商等新型招商形式层出不穷,传统招商活动与新型招商工具叠加应用,结果导向的评价使得招商活动讲究"猫论"。

有人说谈园区不谈招商是"耍流氓",我认为只谈招商不谈政策也是"耍流氓"。政府招商、企业投资,双方各取所需,企业爱上一个地方,落地投资不看政策毕竟是极少数。政策怎么制定才能起到最佳的招商效果,确实是没有最好、只有更好。普惠性政策千篇一律,"一事一议"大行其道。有人认为招商就像招聘,只要工资后面加个"0",就很可能猎聘到所需的人才,招商政策后面加个"1"也能发挥比较优势。意思就是地方政府在制定普惠性招商引资政策时,遵循着"你有我也有"的底层逻辑,但我只要比你多"1"块(N+1)政策牛肉,我就险胜了。

为了更好评价招商活动的成效,我们制定了活动后评价体系表,便于更好进行招商活动的综合评述,具体内容参见表5.1。

表 5.1 招商活动效果评价表

主办方		承办方			
活动概况	活动主题		活动时间		活动目的
	活动地点		活动对象		活动负责人
	活动内容简述				
活动传播	媒体名称	传播内容		传播时间	传播方式
					软文字数
活动执行效果	现场观众人数	活动现场	意向客户留档人数	活动当月	礼品发放量
	项目		活动当周		对比提升率
	现场签约额				
	客户满意度				
	客户回访量				
	互动交流量				
综合评估					
填表日期：					填表人

第三节　招商问答实录

招商是一门实践性极强的社会活动,招商对人的综合素质要求很高。有人曾戏谑道,招商不需要专业,但除了专业不会,其他都要略知一二。虽然企业在投资目的地的选择上是审慎理性的,但也不能忽略招商人员个人主观能动性在其中所发挥的重要作用。项目招商成功很难,但项目做不成太容易。招商人员能否内外兼修、知己知彼、应答如流,这对个人的综合素质是极大的考验。招商人员一定不能像农夫山泉广告说得那样"我们不生产水,我们只是大自然的搬运工"。招商人员如果只是招商信息的搬运工、项目信息的传话筒,即便成功也只是一时,"守株待兔"不会持久。

笔者经过多年实践,对招商人员所要面对的问题进行梳理,在此一一列举招商人员应培养的专业思维和职业习惯,帮助招商人员做到"不说外行话",并从中得到启发和启示。

一、企业视角

(一)产业资金扶持政策

企业具有产业发展潜力和知识产权,产业落地需要政府给予资(本)金支持。具体包括资金扶持规模与配资比例、资金到位方式(一次性到位还是分期分批到位)、政府资金参与方式(股权投资、债权投资还是股债结合方式)、资金担保方式(封闭管理、共管账户、实物担保、产权、股权质押等)、资金退出方式(股东回购、上市退出、溢价转让等)。

(二)厂房购买、租赁政策

企业购买厂房首付比例是多少?能否办理按揭?按揭贷款比例是多少?按揭贷款周期多长、利率多少?

企业租赁厂房的价格,厂房租赁的方式包括租赁期限、租赁(层、栋)方式,租赁价格的减免政策[①]。

(三)园区运营管理

园区运营管理主要涉及四大服务,即政务服务、物业服务、企业服务和产业服务。企业还应高度关注一些共享服务,比如仓储物流、供应链集采、共享技术创新平台、健身房、会议中心、美食中心、职工公寓等。

招商竞争力短期靠政策、中期靠运营、长期靠生态(产业链、供应链)。企业如果无法享受系统集成的、一站式运营服务,感受不到政策温度、人才密度、市场速度的响应和支持,导致企业各自为战,产业环境和配套服务不能形成闭环,就会造成企业生产成本提高或生产效率降低。企业孤立无援,面对瞬息万变的市场,

---

① 租赁减免政策一般与企业产值、税收贡献相挂钩。

存活概率就会降低。企业不能高质量发展,也就没有园区的高水平运转。招得来、留得住、养得大,这才是招商的终极目标。从这个意义上说,企业落地只是招商迈出的关键一步,可持续运营服务得好才是真功夫。园区运营靠的是工匠之心和绣花功夫,运营管理是企业高度关注的一个领域,确实需要招商人员做足功课、做好应对。

(四)企业自建厂房

首先,向政府申请工业用地指标,明确意向用地规模和区位,政府严格控制中小企业拿地,单独供地考核要求较高。

其次,通过市场招拍挂竞得土地使用权,支付土地出让金,签署用地合同。再次,根据企业实际需求,量体裁衣、按需定制,进行工程施工建设。

最后,项目"四证办理"和进场装修,机器设备进场和生产组织准备。企业自建厂房的自主性较高,缺点是短期资金投入大,建设时间周期长。

(五)产证办理与招工

企业选址往往是牵一发而动全身。对于转移企业而言,如何选择适合自身生存发展的"土壤",是企业老板们最费思量的核心问题,方方面面都要综合考虑周全,比如,企业购买园区资产是否可以独立办产证(不动产权证),产证是否可按层(栋)进行分割办理,当地是否有高校和职业院校,专业招生规模,专业如何设置,普工用工需求能否就地解决等等一系列问题。这些问题看似细小,但实际上却是转移企业是否选择落地的关键性问题。

二、政府视角

目标企业。企业目前的产地、产值、税收和用工现状。企业行业分类,发展阶段,上市与否,涉企法律诉讼、环保环评,知识产权情况等。

企业所处产业链段位(上游、中游、下游),企业与当地主导产业匹配度,企业投资意愿、核心诉求以及与其他地方政府洽谈信息。

企业投资规模、产业环节,投资计划,预期产值、用地、用工和税收等。以及其他个性化诉求等。

企业投资意愿识别。了解企业基本概况(包括企业创始人和核心团队基本情况),近3~5年产值及税收缴纳、企业实际用工及知识产权情况;企业未来发展规划和产业升级方向,包括市场需求、产品市占率、产能约束、技术更新等;企业转移方向,企业所在地的产业政策,土地、用工、物流等生产成本因素,以及环保压力、产业结构调整等非生产性因素;企业实控人凤还巢、回乡创业等;企业战略布局、战略规划,投资报告书等(若有)。

企业要价高,预期不达标该如何。对于这样的企业,首先要对企业进行实地考察甄别,如有可能拿到企业"三表"(财务报表、利润表和现金流量表),并了解一下企业的非典型"三表"(水表、电表和燃气表），掌握企业真实的生产运营状况。间接渠道可以通过企业上下游、左右侧进行求证，以最大程度发掘事实真相，合理预估企业增长潜力；其次，政府与企业签订招商引资合同的同时，对入园企业在投资强度、产值、纳税、就业等主要考核指标上进行对赌约定，并与政府财税、租金等补助政策适当挂钩。

政府补贴结束、享受完政策红利后，企业转移出去了，出现所谓"产业候鸟"现象怎么办？一般来说，企业发生再转移主要有三种情况：第一，企业依赖政府补贴才能生存，没有补贴，不得不再次迁移，寻找价值洼地；第二，企业发展到一定阶段，需要更大的空间和平台发展，主动要求转移；第三，区域经济发展，需要"腾笼换鸟"，引进新动能，企业被动转移。为防止第一种情况的出现，政府相关领导和招商部门，要通过反复考查，甄别企业，防止劣质企业以次充好，骗取补贴、套取资金。对于完全依赖政府补贴型企业，建议地方政府坚持产业准入门槛，宁缺毋滥，不要饮鸩止渴。针对第二种情况，企业在该区域被培育起来，发展壮大了，虽然存在主动转移的可能性，但只要不是"连根拔起"，而是立足于企业做大做强，将企业部分产业环节外溢，政府应该要给予支持和配合。至于第三种情况，则是地方政府主动选择的结果，无需担心。

第四节　招商业务管控

为便于对招商业务全流程有更清晰的了解，通过对项目所经历"四阶段"里程碑事件的梳理,有利于提高招商人员对项目落地进程的预见性和操控性(见表5.2)。

表5.2 项目不同阶段招商工作内容及业务流程

序号	项目阶段	工作节点	工作内容要点	输出成果	责任部门	协助部门	备注
1	项目识别阶段	产业定位研究	分析区域产业政策状况	《区域产业调研报告》			
2		梳理招商资源	联系渠道,拜访企业	《产业合作信息资源》			
3		制定资源联动方案	匹配项目与企业资源	《重点企业资源红名单》			
4	框架协议阶段	制定产业策划定位深化报告	掌握政府政策、转移企业需求、产业发展机遇、当地生产要素等情况	《产业策划报告》			
5		举办招商推介活动	组织政府、企业双向考察座谈	《活动效果评价表》			若需
6		分析潜在客户	分析企业分布和投资意愿	《产业招商地图》			
7		了解企业需求	搜集企业投向和核心政策诉求	《企业需求分析表》			

续表

序号	项目阶段	工作节点	工作内容要点	输出成果	责任部门	协助部门	备注
8	项目招标阶段	入园企业意向签约	举办意向签约仪式	《意向入园协议》			
9		编制营销方案	梳理项目卖点,制定营销推广策略	《园区营销方案》			
10		编制招商方案	详细的客户市场分析,制定招商策略、招商计划和政策清单等	《园区招商方案》			
11	项目执行阶段	营造营销氛围	集聚园区人气,吸引流量,打造园区 IP	《营销氛围营造细则》			
12		制定项目招商政策	完成同类园区政策调研,制定差异化园区专项政策	《园区招商政策》			
13		签订入驻协议	编制企业入园协议	《企业投资入园协议》			
14		编制园区运营管理制度	编制园区运营管理制度体系	《园区运营管理制度》			

续表

序号	项目阶段	工作节点	工作内容要点	输出成果	责任部门	协助部门	备注
15	项目执行阶段	编制园区租售合同	规范租售合同制定、加强租售合同管理、合理规避合同风险	《园区资产租售合同管理制度》			
16		编制园区厂房租金及销售定价制度	按照综合成本决定销售价格、市场定价指导租赁价格的指导原则进行确定	《园区资产租赁价格管理办法》			
17		编制园区企业管理制度	加强企业入园、退园程序流程管理	《园区企业入退管理办法》			

通过对招商全流程业务环节的梳理,可对招商工作有个全景式了解。按照"漏斗式"招商的逻辑,园区和企业相互"对上眼","郎有情、妾有意",园区招商人员应根据前期和企业沟通情况,先行签署入园意向申请表。而后,双方进行入园准备工作,洽商企业正式入园协议。

向入园企业与园区运营机构达成的意向入园协议,是在正式协议签署之前的具有过渡性质的一种安排,一般需要进行入园申请,具体见表5.3。

表 5.3 _____产业园企业入园申请表

(内容可根据实际酌情删增调整)

公司名称		公司性质		
法人代表		联系电话		
		身份证号码		
总经理		联系电话		
联系人		联系电话		
		E-mail		
营业执照		注册机关		
		注册时间		
		注册资金		
注册地址				
组织代码证				
税务登记证				
经营范围				
主要产品				
拟迁入地址				
	建筑面积			
近一年企业效应及企业荣誉	效益情况简述			
	企业荣誉			
环境影响	(注册办公类不用描述)			
能耗	(每万元产值收入/标煤吨)			

续表

水耗	每万元产值收入/水耗吨			
污染物排放及措施	（BOD、COD，其他排放指标）			
所属领域	A. 信息技术　B. 新材料　C. 新能源　D. 环保技术 E. 机械制造　F. 光电一体化　G. 生物制药 H. 高端装备制造　I. 其他			
技术水平	A. 国际领先 B. 国际先进 C. 国内领先 D. 国内先进			
技术来源	A. 自主开发 B. 联合开发 C. 成果转让 D. 消化吸收			
何时通过何级鉴定				
企业拥有专利及知识产权归属情况				
是否得到其他资金支持及支持资金金额				
申请入驻时间	自　　年　　月　　日起 至　　年　　月　　日止			
投产后发展目标预测		第1年	第2年	第3年
	产值(万元)			
	利税(万元)			

续表

其他需要说明事项	

企业承诺：

(1) 确认本申请书及附件内容真实、准确。

(2) 公司的生产经营行为完全符合国家、＿＿＿省、＿＿＿市产业发展政策与园区的产业发展规划。

(3) 能满足国家、＿＿＿省、＿＿＿市及园区关于环保、消防、安全等方面的要求。

(4) 公司签订厂房租售合同＿＿＿个月内，将工商、税务、统计手续全部迁入园区。

(5) 企业获准入园后，公司将严格按照国家和省市园区管理的有关规定及要求，遵守园区的各项规定，服从园区的管理。

(6) 若违反上述承诺，我公司会在＿＿＿日内将公司迁出园区，并承担全部责任

申请企业
年　月　日

批复意见	

　　园区招商与资产去化是个动态调整的过程，企业都会保持一定的合理流动性，园区是企业的"大观园"，企业有进有出、只要不高(低)于一定阈值，也属正常现象。企业入园签署入园协议，企

业退园也应履行必要手续,签署退园协议,企业进出实现闭环管理。退园申请表内容参见表 5.4。

表 5.4 _____产业园企业退园申请表

(内容可根据实际酌情删增调整)

企业名称		企业位置	
企业法人代表		联系方式	
退园类型	□请退　　□自退	企业负责人联系方式	
退园理由简述			
退园企业物料交接情况			
退园企业欠费缴纳情况(若有)			
涉企员工权益保护情况			
退园企业法律诉讼情况(若有)			
运营部审核	签名:_____		
法务部意见	签名:_____		
园区总经理意见	签名:_____		

第五节　园区竞品调查与资产定价

毛主席说没有调查就没有发言权。作为招商人员要想做出成绩、干出业绩,也必须有"吃遍千辛万苦、走遍千山万水、说尽千言万语、想尽千方百计"的"四千万"精神。知己知彼才能百战不殆,做到"知彼"就要深入基层一线,充分调研后掌握第一手数据信息。真实的竞品信息有助于制定精准招商政策,提高招商落地率。

一、竞品调查

竞品调查的目的是摸清园区底数和掌握市场行情,为园区精准制定各类政策提供决策依据。竞品调查既可从单一维度(租售政策)进行,也可从多维角度开展,全面了解掌握竞品的综合信息。竞品调查的"四要素"是对标要精准、科目要匹配、信息要动态、数据要准确。具体分析参阅表5.5。

产业园区调研表是产业运营机构对同类园区进行市场摸底的一种基础工具,可以从多维度掌握园区基本信息,并在此基础上更精准制定园区的营销策略和招商政策,具体内容见表5.6。

表 5.5 产业园竞品调查表

调查内容	序号	分项		竞品项目 1	竞品项目 2	竞品项目 3
租赁政策	1	租金标准				
	2	免租期				
	3	装修期				
	4	履约保证金				
销售政策	5	价格标准				
	6	首付金额				
	7	分期付款				
	8	贷款政策				
政策环境	9	招商政策	准入门槛			
			用地优惠			
			固投优惠			
			租赁优惠			
			税收优惠			
			金融扶持			
			用工扶持			
项目配套	10	区位交通	项目区域位置情况			
			周边公交线路状况			

续表

调查内容	序号	分项		竞品项目 1	竞品项目 2	竞品项目 3
项目配套	11	项目配套	周围是否存在食堂、宿舍			
			周围是否存在商业配套			
	12	规划设计	规划面积			
			建筑面积			
			建筑密度			
			容积率			
	13	厂房参数	绿地率			
			车位数量			
			面积			
			层高			
			荷载			
			柱距			
厂房设备	14	交付标准	是否配备电梯			
			是否配备变压器			
			给排水设备是否安装到位			

续表

调查内容	序号	分项	竞品项目 1	竞品项目 2	竞品项目 3
厂房设备	14	交付标准	配电设备是否安装到位			
			是否配备蒸汽管道			
			地面是否经过特殊处理			
			墙面是否经过特殊处理			

表 5.6 产业园区调研表

园区概况		
产业定位		
园区规模		入驻企业数量
园区运营状况	租售水平：	
	入园政策：	
入驻企业行业属性		
园区规划特色	（布局、建筑特色、交通组织、景观绿化、标识等）	

续表

园区概况	
园区配套	
物业管理	(基础服务、特色服务)
运营管理	(基础服务、特色服务)
典型企业分析	
所属行业	
经营状况	

厂房规模		用工人数	
厂房层高		厂房柱网间距	
楼板荷载		装修要求	

生产设备要求	
配套设施要求	
转移意向及需求	
园区配套	
生产性配套种类	

生产性配套：
(共享性、特殊性要求、运营状况等)

续表
园区概况

生活性配 套种类	

生活性配套：
（服务特色、与园区用工人数匹配度、功能区规模、经营状况等）

综合评述：
（附调研访谈和园区实景图片）

掌握市场同类产品的行情，就为园区资产定价提供了参照物。园区资产定价主要由建安费、土地费、营销费、财务费以及其他费用等构成，主要科目费用又可进一步细分若干个单项。园区招商人员掌握园区资产价格，进一步与竞品对比分析，可为招商专项政策（资产销售及优惠）的制定提供可靠依据。

二、成本核算

成本核算是把园区不动产进行成本统计和综合价格核算，以确定园区销售底价和测算资产增值率。主要包括前期费用、土地费用、建安费用、财务费用及其他可纳入统计的量化成本等。具体核算内容见表 5.7。

表 5.7 园区资产成本核算表

项目概况				填表部门
占地面积				
建筑面积		其中:地上面积		
		地下面积		
拟售面积	其中:标准化厂房面积	钢结构厂房		
	办公楼			
	配套商业			
	其他			
配套面积(不可售)		其中		
持有物业面积		其中:邻里中心		
		公寓		

续表

序号	费用名称		费用说明	总价(元)	单价(元/m²)	单价计算说明	备注
一	土地费用		土地出让金				
			土地拆迁补偿费				
			土地契税及印花税				
			其他土地费用				
			小计				
二	大市政配套费		城市基础设施配套费				
			小计				
三	前期费用	勘察、设计费	设计招投标费				
			规划设计费				
			人防设计费				
			建筑设计费				

续表

序号	费用名称	费用说明	总价(元)	单价(元/m²)	单价计算说明	备注
		景观设计费				
		电力设计费				
		给排水设计费				
		道路设计费				
		室内精装修设计费				
		展示中心设计费				
		燃气设计费				
		智能化设计费				
		市政设计费				
		弱电设计费				
		消防设计费				
		外墙设计费				
		施工图图纸交叉审核费				

续表

序号	费用名称	费用说明	总价(元)	单价(元/m²)	单价计算说明	备注
		制图晒图费				
		宗地测绘费				
		勘察招投标费				
		勘察、勘测费				
		日照分析费				
		设计方案评审费				
		基坑围护设计费				
		其他勘测、设计费				
		可行性研究报告				
		环境影响评估				
		节能评估				
	项目咨询	两评一案（项目实施方案、财政承受能力论证、物有所值评价）				/

续表

序号	费用名称	费用说明	总价(元)	单价(元/m²)	单价计算说明	备注
		PPP招标费用(咨询服务、社会资本招标)				/
		其它				
		规划许可证费				
		绿化费				
		高教费				
		人防费				
		白蚁防治费				
	规费	墙改费				
		散装水泥专项资金				
		自来水城市管网建设费				
		供(配)电工程高可靠性供电费用				

续表

序号	费用名称	费用说明	总价(元)	单价(元/m²)	单价计算说明	备注
		管煤配套费				
		市政质监费				
		预定位费				
		灰线检测费				
		±0.00检测费				
		物业维修基金				
		消防检测费				
		空气、噪音检测费				
		雨、污水接管费				
		市政管网运行维护费				
		质监费				
		地籍调查费				
		土地复核验收				
		防雷检测费				

续表

序号	费用名称	费用说明	总价(元)	单价(元/m²)	单价计算说明	备注
		有线电视配套费				
		厂房交易手续费				
		档案管理费				
		人防质监费				
		考古勘探费				
		水土保持方案编制、设施补偿费				
		垃圾清运费				
		竣工图测量费				
		规划验收测绘图费				
		销售面积测绘费				
		其他规费				
	前期工程费	施工招投标费				
		施工接水费				

续表

序号	费用名称	费用说明	总价(元)	单价(元/m²)	单价计算说明	备注
		施工接电费				
		场地平整费				
		临时围墙				
		临时工程用房				
		展示中心				
		围挡				
		监理招投标费				
		工程监理费				
		标底编制、决算审核等咨询费用				
		桩基检测费				
		其他前期工程费				
小计						/

续表

序号	费用名称		费用说明	总价(元)	单价($元/m^2$)	单价计算说明	备注
四	建安、设备及基础设施建设费	建安工程	围护工程				
			桩基工程				
			土建工程				
			安装工程				
			公共部位精装修				
			变更签证(清单核对、图纸会审等)及人工、材料涨价暂列费用				
		设备工程	空调供货及安装				
			电梯供货及安装				
			发电机供货及安装				
		室外工程	电力工程				
			室外给水				

续表

序号	费用名称	费用说明		总价(元)	单价(元/m²)	单价计算说明	备注
	环境景观工程	室外排水					
		中水处理					
		其他室外工程					
		景观工程					
		路灯工程					
		围墙、门楼工程					
		标识标牌工程					
		其它					
	弱电工程	安全防范系统					
		建筑设备监控系统					
		停车场管理系统					
		扩声、背景音乐系统					

续表

序号	费用名称		费用说明	总价(元)	单价(元/m²)	单价计算说明	备注
		弱电工程	电源与电子设备防雷接地				
			有线电视				
			综合布线及计算机网络				
		其他	其他弱电工程				
	小计						/
五	工程不可预见费						
	小计						
六	期间费用		管理费用				
			财务费用				
			招商销售费用				
	小计						

第五章 园区招商

续表

序号	费用名称	费用说明	总价(元)	单价(元/m²)	单价计算说明	备注
七	税金	包含增值税、土地增值税等各种税费				/
		小计				
		合计				

第六节　园区资产租售管理

园区资产租售管理伴随项目全生命周期，需要进行跨部门沟通协调，科学高效的资产租售管理需要系统完善的制度支撑，也是园区重要的基础性制度，对提升园区竞争力和资产增值性具有重要意义。为明确规定园区租售工作的责任、方法和要求，进行招商、洽谈和签订租售合同，确保租售过程可控，需要制定产业园区资产去化管理的相关实施细则。

一、产业园区资产去化的前置条件

（一）园区厂房租赁前置条件

（1）园区普惠性招商政策已落实，并通过政府上会审批。
（2）物业交付标准已确定。
（3）物业交付时间已确定。
（4）租赁合同文本、附加协议及安全生产管理协议已确定。
（5）手册、展馆、视频等"园区三件套"制作完毕。

（二）园区厂房销售前置条件

1. 时机判断

（1）招商取得阶段性成果，政府较为满意，以减小政府对物业销售的抗性。

(2) 物业销售与政府达成共识。

(3) 通过营销推广，园区形象在市场上形成一定的影响力。

(4) 通过资源渠道整合以及企业资源深度挖掘，掌握一定量的意向目标企业。

(5) 销售前的准备工作已落实完成。

2. 售前准备

(1) 落实销售资格（销售物业范围、预售许可、现房销售许可等）。

(2) 落实产证办理政策及流程、需要提供的资料。

(3) 落实按揭银行及按揭政策、流程、需要提供的资料：

① 落实产证面积测绘事宜。

② 落实销售价格表（是否需要备案）及销售政策（付款方式、优惠政策）。

③ 落实物业交付标准。

④ 落实销售合同文本、附加协议及相关合同备案工作。

⑤ 落实物业交付时间。

为提高项目销售效率，进行跨部门高效沟通，建立起系统、专业、实用的管理工具和底层业务支持，明确责任人（部门）、时间表和路线图，是项目预销售的基础工作。具体可参考表5.8。

表 5.8　项目销售前期工作倒排计划表

	工作内容	责任人	协同部门	开始时间	完成时间	备注
销售前期准备	土地产权办理					
	运营管理协议签订					
	销售许可文件办理					

续表

	工作内容	责任人	协同部门	开始时间	完成时间	备注
销售基本条件落实	可售货源盘点					
	面积预测绘(实测)					
	按揭银行及相关按揭政策落实					
	项目基准价格第三方机构评估					
	销售价格表					
	交付标准					
	认购协议					
	租赁合同					
	销售合同					
	销售管理表格文件					
营销方案	销售政策制定					
	营销策略方案					
	营销活动方案及执行					
	营销推广方案及执行					
销售物料	项目基本数据					
	项目答客问					
	项目说辞					
	户型图单张					
	销控表/图					
	项目三件套					

工作内容		责任人	协同部门	开始时间	完成时间	备注
销售氛围营造	展示中心广告包装					
	标准厂房户型模型					
	其他					

二、管理职责

1. 运营部

运营部作为园区租售管理工作的第一责任人，负责对园区租售工作进行统筹管理，负责落实或牵头落实租售前置条件。

2. 招商部

园区租售工作实行"招销一体"模式，招商部负责园区租售管理工作。并牵头制定有竞争力的租售优惠政策，报请批准后执行。

3. 财务部

财务部负责对租售过程的收款、开票工作实行监督和管理。

三、租售工作程序

第一步，与意向企业签订意向入驻协议。

第二步，协助意向企业制定投资计划书。

第三步，组织政企对接，向提报意向企业投资计划书。

第四步，经政府评审合格并符合入园条件后，与意向企业签订正式《入驻投资协议》和《租赁合同》或《销售合同》和《安全生产管理协议》等。

第五步,协议、合同归档,已租售房源实行销控。

园区资产租赁合同是产业园区运营管理的基础性合同之一,是运营方与入园企业之间正式签署,是锁定园区运营收益来源的重要凭据,对明确双方责权利具有重要意义。本章末附录提供了园区资产租赁合同的参考范本。

四、变更管理

租售过程涉及合同变更的,须由入园企业提出申请,履行严格审批后续后执行。原有合同、协议及相关财务票据原件统一收回后,再实施合同变更。未收回的,不得实施合同变更。

第七节　园区招商案例

西方有句谚语:天底下有两件事最难,第一是把别人的钱装进自己的口袋里;第二是把自己的思想装进别人的脑袋里。招商引资和招才引智即"双招双引"其实是把上述两件事同时完成的过程,难度之大可想而知。招商理论和理念创新固然层出不穷,但实践案例总是最动人心。

一、案例:教育局长当"招商局长"

现在很多地方推行全员招商,全员招商的提法和做法始于江苏宿迁。我本人一直是不提倡全员招商的,招商不只是体力活,还是技术活和脑力活。更为重要的是,招商需要持之以恒,"做时间的朋友",机会主义在招商中是没有市场的。人们常说:签字不要一分钟,签约需要一小时,但为准备签约、等待签字可能需要数月甚至数年。

招商工作并不适合于每个人,全员招商本身就是伪命题。现在各地流行产业链"链长制",这个招商"妙招"也与此有关。在全员招商理念的指引下,教育局承担招商任务虽事出有因,但只能当"副业"。然而,教育局长成了纺织服装产业园区的产业链链长似乎匪夷所思。所谓事在人为,思路一变天地宽,偏偏"局长"变"链长"却成就了一番传奇。

前文曾说到不同的产业对要素的依赖性不同,纺织服装企业对招工的敏感度最高。谁能招到大批熟练技工,谁就拥有了服装(含鞋服)企业招商的必杀技。教育局长所在地是人口大县,每年外出务工人员中有相当比例从事纺织服装行业,多年积累下来,就形成了数量庞大、技能娴熟、覆盖广泛的产业工人群体。教育局长的聪明在于不循规蹈矩,不按常理出牌。他(她)知道纺织服装企业招商的不二法门:招工。他不动声色,另辟蹊径,精心制作了一个面向全县中小学生的微视频,让孩子们在周末通过手机把微视频发给在外务工的父母。这个短短几分钟的视频,集中介绍了家乡的变化,告诉外出的乡亲们,家乡也建起了高标准的纺织服装产业园,足不出"县",家门口就能高质量就业,综合收入不比外面少,关键还能照顾孩子和老人。这个短视频拍得很巧妙、很温暖,很多父母和孩子一起看后哭得稀里哗啦,纷纷决定回乡就(创)业,不让自己的孩子继续成为留守儿童。通过收集整理,掌握了翔实的返乡就业人员情况后,局长又向纺织服装企业广发英雄帖,承诺决不让企业等工人,项目落地之时就是技工就业之日。两头撮合成交,草船借箭的故事再次上演。

二、案例："失地农民"也是营商环境？

营商环境的改善是提高地方政府竞争力的关键。近年来各地都在提升营商环境，不少顽瘴痼疾得以整治，企业家的幸福感、安全感显著提升。如何评价衡量一个地方的营商环境，可谓众说纷纭、莫衷一是。企业在一个地方投资，绝非一时兴起，需要更关注微观层面的营商环境。如何判断呢？最费思量。

初闻某地招商局长讲到这段对话的时候，习以为常。但仔细琢磨，发现不同寻常，魔鬼藏在细节中。企业董事长和招商局长看似不经意的聊天，却反复问起当地政府是如何安置失地农民的，从前期动员到征地拆迁再到安置补偿，问得认真、询得仔细。问者有心、答者无意。双方就这么有问有答的交流进行了一个多小时，关于招商政策的问题并没有过多涉及。在招商局长的职业经历中可谓绝无仅有。常言道"事出反常必有妖"。"妖"在何处，又不得而知。宾主双方握手言欢，结束对话后，招商局长仍就一头雾水，说不出这场对话的成效。凭借多年职业经验，他认为董事长一定在验证什么。

事情过了大约半月，招商局长的手机响起，听出电话那头正是企业董事长的声音。简短寒暄后，董事长告知局长，即日起公司就将启动投资当地的有关前期程序。手拿电话的局长一时竟不敢相信。末了，董事长说了一句意味深长的话：一个地方政府如此厚待失地农民这一弱势群体，这个地方一定是有人情味的，当地政府也一定是良心政府，良法善治在当地一定会大行其道，至于投资环境还用得着实地考察嘛。

至此，招商局长才恍然大悟，如梦初醒，喃喃自语"原来如此。"这是一个孤立的个案，却能令人深省。与其全员招商，不如全民构成营商环境。营商环境如何企业家最有发言权，宏观上差距不大,中观上无法感知,微观上才最接近真实。营商环境的改善应从最小、最细的地方抓起,那里才牵动着企业家的心。

附录　园区资产租赁合同

出租方(以下简称甲方):

法人代表:

地址:　　　　　　　　　　邮编:

开户行:　　　　　　　　　银行账号:

电话:　　　　　　　　　　传真:

承租方(以下简称乙方):

工商注册号:

法人代表:

地址:　　　　　　　　　　邮编:

开户行:　　　　　　　　　银行账号:

电话:　　　　　　　　　　传真:

根据《中华人民共和国合同法》及其他有关法律、法规之规定,为明确出租方与承租方的权利义务,甲乙双方在平等、自愿、互利的基础上,经双方协商一致后,就厂房租赁的有关事宜达成如下协议,以资共同遵守。

第一条　租赁物业位置、面积、功能及用途

1.1　甲方开发的_____产业园坐落于_____省_____市_____区（县）_____。土地由甲方以出让方式取得，土地使用权编号为_____。

1.2　甲方同意将位于_____产业园区_____区_____楼_____层，编号为_____的厂房（以下简称该租赁物）租赁予乙方使用。（详见附件1）。

1.3　该租赁物建筑面积为_____平方米（最终以实测面积为准），上述租赁面积作为本合同租金、租赁保证金和物业管理费等相关费用收取的计算依据。

1.4　该租赁物属_____结构，设计的防火等级为_____类，荷载标准为_____，用途为_____，非经甲方书面同意，乙方不得私自改变厂房的内部结构及各种配套设施，并随时接受甲方及物业部门的检查。

1.5　本租赁物内采取包租的方式，由乙方自行管理。甲方已经依法选聘的物业管理企业为_____，资质证号为_____，乙方同意在本合同租期内由甲方选聘的物业管理企业为园区提供物业管理服务，并遵守业主公约，服从园区统一管理，不得自行拆除重建，不得违章搭建相关简易棚或附属房屋，按时缴纳物业相关费用（详见附件2收费一览表）。

第二条　租赁期限

2.1　本合同租赁期限（以下简称"租期"）共_____个月，自_____年_____月_____日起至_____年_____月_____日止

（具体日期以厂房交付时，双方签订移交表的日期为准）。

2.2 租赁期限届满，如乙方需继续承租该租赁物，乙方须在本合同租期届满前三个月提出书面续租申请，经甲方同意后，甲乙双方将对有关租赁事项重新签订租赁合同。在同等承租条件下，乙方有优先续租权。

第三条 租赁的交付、收回验收及免租期

3.1 在＿＿＿＿年＿＿＿＿月＿＿＿＿日前，甲方将租赁物按现状交付乙方使用，且乙方同意按租赁物及设施的现状承租。经甲乙双方交验签字（签订移交表）并移交房门钥匙后视为交付完成。

3.2 租赁期结束或合同解除后，甲方有权收回租赁物，乙方应将租赁物及附属设施、设备等恢复原状或按使用时的状况（但不影响后面的租赁使用），完好地交还甲方。如有损坏，乙方应负责修复或赔偿损失。甲乙双方应对租赁物和设备设施及水电使用等情况进行验收，乙方应向甲方结清所有相关费用，否则甲方已收取的租赁保证金不另退还。

3.3 租赁期结束或合同解除后，乙方返还该房屋逾期超过10日的，甲方除按本合同规定当期日租金的5倍收取乙方使用费外，还视为乙方自动放弃该房屋内的所有设施、设备及其他物品的所有权，甲方有权自主处置，且乙方需据实承担甲方处置所实际产生的费用。

3.4 自入住之日起＿＿＿＿天内为租赁物的免租期，租赁物的免租期至＿＿＿＿年＿＿＿＿月＿＿＿＿日止。免租期内除租金以外的相关费用由乙方自行承担，免租期届满次日为计租日，即从

_____年_____月_____日起开始计收租金。

第四条 租赁保证金及租金

4.1 租赁保证金

本租赁合同的租赁保证金为_____天租金,租金标准为_____元/平方/天,租赁保证金合计:人民币_____元,大写:_____元。

4.2 租金

第一年租金为人民币_____元/平方/天,大写:_____元,计收期间:_____年_____月_____日起至_____年_____月_____日止,合计(人民币)大写:_____元;

第二年租金为人民币_____元/平方/天,大写:_____元,计收期间:_____年_____月_____日起至_____年_____月_____日止,合计(人民币)大写:_____元;

第三年租金为人民币_____元/平方/天,大写:_____元,计收期间:_____年_____月_____日起至_____年_____月_____日止,合计(人民币)大写:_____元;

第四年租金为人民币_____元/平方/天,大写:_____元,计收期间:_____年_____月_____日起至_____年_____月_____日止,合计(人民币)大写:_____元;

第五年租金为人民币_____元/平方/天,大写:_____元,计收期间:_____年_____月_____日起至_____年_____月_____日止,合计(人民币)大写:_____元;

该租赁合同的租金合计为_____元,即(人民币)大写：_____元。

租赁期限届满，如果需继续承租该租赁物，租金由甲乙双方共同商定。双方约定每年度的_____月_____日作为该年度租金调整日。

第五条　租赁费用的支付

5.1　乙方应于本合同签订之后5个工作日内，向甲方支付租赁保证金人民币_____元(大写：_____元)，如乙方未按照约定时间向甲方支付租赁保证金，且逾期超过15日，则甲方可以直接解除合同，并且不承担任何责任。租赁期限届满，在乙方已向甲方交清了全部应付的租金、物业管理费及因本租赁行为所产生的一切费用，并不存有本合同第八条第三项违约行为，按本合同规定向甲方交还承租的租赁物，履行完本合同所约定的责任后15个工作日内，甲方将退还乙方租赁保证金(保证金不计利息)。

5.2　乙方应于本合同签订之后5个工作日内，向甲方支付首笔租金。首笔租金的对应租期为_____年_____月_____日至_____年_____月_____日，金额为人民币_____元(大写：_____元)。后续租金为一季度收取一次(三个月末一季度)，每一季度结束前15日内乙方应向甲方支付下一季度租金，乙方向甲方支付款项以款项进入甲方结算账户之日为付款日。

5.3　乙方所有租金，租赁保证金均要以银行汇兑、转账支票、支票反馈方式划转至甲方银行结算账户，乙方不得以现金方式交付给甲方任何人员。否则出现问题，全部责任由乙方承担。

收款人：_____

账　号：_____

开户行：_____

5.4　租赁期间，乙方使用该厂房所发生的水、电、电话及其他网络通讯等费用均由乙方承担，对于水电等没有独立开户的租赁物业由甲方代收相关费用。同时乙方承担该租赁厂房应分摊的水、电损耗费和电梯维修、维护费等。对没有水电独立开户的租赁物业，甲方仅出具收款收据。上述属乙方应承担的费用，乙方应在相关单位规定的期限内及时交付，逾期甲方有义务协助相关单位向乙方收取本金及滞纳金，并及时交付给相关单位。

第六条　租赁物的转让与转租

6.1　在租赁期限内，若遇甲方转让租赁物的部分或全部产权，甲方应当在转让租赁物前7日内，书面通知乙方，在同等受让条件下，乙方对本租赁物享有优先购买权。但乙方应当在通知送达之日起7日内做出是否购买本租赁物的书面答复，乙方逾期未予以书面答复的，视同乙方放弃优先购买权，接受甲方转让本租赁物给其他受让人。甲方应确保受让人继续履行本合同的条款，乙方应当在甲方转让本租赁物后15日内，重新与受让人签订新的租赁合同，甲方的权利与义务由新的受让方承担，乙方的权利和义务仍然按照本合同约定条款执行。

6.2　经甲、乙双方协商一致同意，乙方在租赁物所在地设立新公司（以下称"新公司"）后，应于注册之日起1个月内书面通知甲方并提交新公司营业执照、法人身份证明复印件一份，届时乙方基于本合同产生的权利和义务，均直接自动转由新公司享有和承担。同时,乙方保证就新公司不履行本合同约定义务之行为向甲方承担连带责任。为避免疑问,权利和义务转移的日期为新公司营业执照的签发日期。

6.3 除甲乙双方另有约定以外,乙方需事先征得甲方书面同意,方可在租期内将房屋部分或全部转租给第三人,并就第三人的行为向甲方承担责任。

第七条 租赁期间的厂房装饰、修缮

7.1 租赁期间,甲方保证该厂房及其附属设施处于正常的可使用和安全的状态。甲方对该厂房进行检查、养护,应提前2日通知乙方。检查养护时,乙方应予以配合。甲方应尽量减少对乙方正常生产活动的影响。

7.2 租赁期间,乙方不得改变厂房原有消防设施及功能要求;如进行二次装修,需改变消防设施及功能的,须事先征得公安消防部门的书面同意。

7.3 租赁期间,乙方可以在不破坏厂房主体结构,不改变厂房原使用功能的原则下,根据自身经营需要对所租赁厂房进行装修、装饰或者增设简易附属设施,但应事先征得甲方的书面同意。按规定须向有关部门报批的,则应由甲方报请有关部门批准后,方可实施。本合同终止时,乙方须按装修装饰的现状交还房屋;对乙方装修装饰的不可移动部分或拆除后影响正常使用的可移动部分,乙方均不得拆除,甲方也不就此作任何补偿。

7.4 租赁期限内,乙方应合理使用并爱护厂房及其附属设施;如因乙方使用不当致使该厂房及其附属设施损坏或发生故障的,乙方应负责维修或赔偿损失;在租赁期限内,对正常使用易损耗的设施,由乙方负责维修,若乙方拒不维修,甲方可代为维修,费用由乙方承担。

7.5 交付厂房的同时,乙方须与甲方签订《安全生产协议书》,租赁期间,乙方在装饰、装修,以及在该厂房生产经营过程中,须严格遵守国家、省、市、区(县)各项安全生产规定,依法执行。在此期间所有的安全责任由乙方承担。

第八条 双方权利与义务

8.1 甲方应承诺为乙方提供以下条件或设施:

甲方所提供厂房按照不超过_____W/M2用电负荷标准和正常工业用水等配置,不提供天然气,能保证入驻企业正常生产经营。如乙方因自身生产经营需要,涉及水电气增容事项须提出书面申请,甲方予以协助办理,相关增容费用和工程费用由乙方承担。乙方须是一般纳税人的前提下,并工商注册在园区所在地,甲方才可为乙方开具用水、用电增值税发票。

8.2 乙方应保证遵守国家、_____市的法律法规规定以及租赁物所在园区的物业管理规定,租期内,乙方应保障租赁物及其附属物品、设备设施处于适用和安全的状态,因乙方保证不当或不合理使用,致使租赁物及设备设施发生损坏或故障的,乙方应负责维修并承担赔偿责任。

8.3 甲方有权免费使用乙方所购(租)厂房屋顶建设太阳能光伏、空中绿地等节能环保设施,乙方应积极配合妥善维护,服从园区统一管理。

第九条 违约责任

9.1 甲方如没有按期交付租赁物或没按时提供以上条件，则免租期予以延长，直至达到以上条件为止。超过60天，乙方可以解除合同，乙方解除合同的，甲方应在收到乙方解除合同通知书的15个工作日内退回乙方已缴纳的本租赁物租赁保证金和首笔租金(不计利息)。

9.2 乙方未按约定支付租赁保证金、租金、物业管理费等相关费用的，甲方有权采取停水、停电等相关措施，由此产生的一切损失和责任由乙方承担，乙方并应向甲方支付滞纳金，滞纳金金额为：拖欠天数乘以欠缴费用总额的3‰。

9.3 乙方有下列情形之一的，甲方有权单方面解除合同，收回租赁物：

(1) 不按照约定支付租金及其他应付费用超过60日的；

(2) 擅自改变租赁物用途的；

(3) 擅自拆改变动或损坏租赁物主体结构的；

(4) 保管不当或不合理使用导致设备设施损坏并拒不赔偿的；

(5) 利用租赁物从事违法活动、损害公共利益或者妨碍他人正常工作、生产经营的；

(6) 擅自将租赁物转租、转借给第三人的。

9.4 在租期内，如乙方逾期支付租金或其他费用超过30天或租期内累计逾期支付租金或其他费用超过30天，甲方在书面通知乙方交纳欠款之日起15日内，乙方未支付有关款项，甲方有权停止乙方使用租赁物内的有关设施，由此造成的一起损失（包括第三方的损失）由乙方全部承担。

依此类推，如乙方欠交租金或其他费用超过60天或多次逾期支付租金或其他费用累计超过60天，甲方有权提前解除本合同，由此造成的一切损失（包括第三方的损失）由乙方全部承担，并按以下约定执行：

在甲方以传真、信函或在租赁物办公区域张贴公示等书面方式通知乙方（包括受转租人）之日起，本合同自动终止。甲方有权留置乙方租赁物内的财产（包括受转租人的财产）并以书面形式通知乙方在15日内履行债务，乙方逾期未履行的，甲方可以留置债务人财产，可以协商折价，也可以依法拍卖、变卖留置物。留置物经折价、拍卖、变卖后，其价款超过甲方债权的部分归乙方所有，不足部分由乙方清偿。

9.5 未经甲方书面同意乙方不得提前终止本合同。如乙方确需要提前解约，须提前三个月书面通知甲方，且履行完毕以下手续，方可提前解约：

（1）向甲方交回租赁物；

（2）交清承租期的租金及其他因本合同所产生的费用；

（3）向甲方赔偿因乙方解约给甲方产生的所有损失；

（4）应于本合同提前终止前向甲方支付相等于90天租金的款项作为赔偿。

甲方在乙方履行完毕上述义务后5个工作日内将乙方的租赁保证金无息退还乙方。

9.6 除本条9.3款约定情形外,未经乙方书面同意甲方不得提前终止本合同。如甲方确需提前解约,须提前三个月书面通知乙方,且履行完毕以下手续,方可提前解约：

(1) 向乙方赔偿因甲方解约给乙方产生的所有损失；

(2) 应于本合同提前终止前向乙方支付相等于90天租金的款项作为赔偿。

第十条 免责条款

10.1 由于不可抗力,如地震、暴风雨、洪水、水灾及其他自然活动,流行病、战争、暴乱、敌对行为、公众动乱、公敌行为,政府或公众机构的禁止或行为,罢工或其他劳工就放或工作中断,或其他超出双方所能控制并且不可阻止和避免发生的行为,造成任何一方无法履行全部或部分合同,无法履行的一方应该在不可抗力发生后十四天内向另一方出具书面通知,并尽可能减轻损害。在事后三十天内提供事件的详细信息,有关政府部门出具的证明以及说明其无法全部或部分履行的申明。不可抗力事件发生时,任何一方对于另一方无法或推迟履约所造成的损害、增加成本或损失不承担责任。如果不可抗力事件持续一个月以上,双方应就合同义务进行协商。如果在协商开始后三十天内无法达成协议,任何一方均可以终止本合同。

10.2 因国家及地方政府政策需要拆除或改造已租赁的厂房,使甲、乙双方造成损失的,互不承担责任。

10.3 因上述免责原因而终止合同的,租金按照实际使用时间计算,不足整月的按天数计算。

第十一条　合同的终止

11.1　本合同提前终止或租期届满，甲、乙双方未达成续租协议的，乙方应于终止之日或租赁期限届满之日起十天内迁离租赁物，并将其租赁物归还甲方。乙方逾期不迁离或不返还租赁物的，应向甲方双倍支付延期租金。但甲方有权以邮件、传真或在租赁物办公区域张贴公示的形式通知乙方，并有权收回租赁场所，将租赁物内的乙方物品搬离租赁物，且不负保管责任。

11.2　提前终止本合同的情形

乙方有下列情形之一的，甲方可以解除本合同，收回租赁物：

（1）乙方转租的；

（2）乙方实施有可能会破坏厂房主体结构或改变原有使用功能的行为；

（3）损坏承租厂房，在甲方提出的合理期限内仍未修复的；

（4）未经甲方书面同意，改变本合同约定的厂房租赁用途；

（5）乙方利用甲方厂房进行非法活动，损坏公共利益的；

（6）逾期交付厂房租金或其他应支付的任何费用超过壹个月的；

（7）本合同其他条款涉及甲方有权解除本合同的情形。

第十二条　有关税费

按国家及_____市有关规定，因本合同缴纳的印花税及其他有关税项及费用，按有关规定应由甲方作为出租人，乙方作为承租人分别承担。

第十三条 通知

13.1 与本合同有关的通知以及双方的文件往来,应以书面形式进行;传真以本合同第一页所示传真号码一经发出,挂号邮件以本合同第一页所示地址并以对方为收件人付邮七日后,均视为已送达。

13.2 甲、乙双方通讯信息的变更,包括但不限于电话、传真、地址,均应于变更后七日内书面通知对方,否则,应自行承担送达不能或送达延迟的不利后果。

第十四条 适用法律

14.1 本合同在履行中发生争议,应由双方协商解决,若协商不成,则向租赁物所在地人民法院起诉。

14.2 本合同受中华人民共和国法律的管辖,并按中华人民共和国法律解释。

第十五条 使用承诺

15.1 乙方同意于入住后_____个月内(即_____年_____月_____日前),在所租房屋住所地办理企业工商、税务注册登记(或迁移登记,注册资本不低于_____万元);如乙方不能按期办理完毕,则该房屋的租赁价格在本合同第三条约定的价格基础上上浮0.1元/天/平方米,乙方应自逾期之日7日内向甲方补交上浮价款;如入住_____个月后,乙方仍未能如约完成办理企业工商、税务注册登记(或迁移登记)的手续,则甲方有权解除本合同。

15.2 乙方承诺在房屋属地内正常投产后,形成年产值不低于_____万元(销售收入_____万元),年纳税额不低于_____万元。同时,乙方须在厂房交付使用后月内正式投产,投产后初步形成年度产值税收达到乙方承诺标准的_____%以上,否则甲方有权收回房产,解除本合同。

15.3 乙方承诺免租期满后_____日内,乙方以建筑成本价回购该租赁物;(备注:该条款为回购条款,若未涉及回购的,此条款删除;若涉及回购的,租金支付等条款一并进行前后一致调整。)

15.4 租赁期间,乙方须严格遵守国家产业政策和环保规定,在租赁厂房内依法组织生产、经营活动,恪守国家、省、市、县法律法规和园区管理制度,照章纳税,按期交付各项费用,并做好消防、安全和环境卫生等方面工作。

第十六条 其他条款

16.1 租赁期间,乙方可经甲方书面同意委托甲方代为办理营业执照等相关手续,费用由乙方承担。

16.2 租赁期间,如企业名称变更,可由甲乙双方签字盖章确认,原租赁合同条款不变,继续执行到合同期满。

第十七条 合同效力

17.1 本合同自甲、乙双方法定代表人或授权代表签字并加盖单位公章之日起生效;双方签字盖章时间不一致的,以时间在后乙方签字盖章时间为本合同生效日期。

17.2 对本合同任何的修改或补充只能由双方以书面形式达成协议,成为本合同的组成部分。该书面修改或补充按照中华人民共和国相关的规定进行重新登记。

17.3 本合同附件作为本合同的组成部分,构成如下:

租赁场所平面位置图。

甲乙双方营业执照复印件及法人身份证复印件。

17.4 本合同及附件共_____页,一式_____份,具有同等法律效力,其中甲方_____份,乙方_____份。

(以下无正文)

出租方(签章):　　　　　　承租方(签章):
【法定代表人】:　　　　　　【法定代表人】
【委托代理人】(签章):　　　【委托代理人】(签章):
签订时间: 年 月 日　　　　签订时间: 年 月 日

附件一:租赁场所平面位置图(略)

附件二:甲乙双方营业执照复印件及法人身份证复印件(略)

第六章 园区运营

从园区招商到园区运营,流程是顺延递进关系。二者不仅有先后顺序之别,更是因果互生的关系。何为? 没有招商,运营就无从谈起。反之,运营是为了招商、围绕招商,低水平的运营难以产出高质量的招商成果,高质量的运营则是一把招商利器。

所谓运营就是服务,顾名思义,园区运营就是园区服务。园区运营拆分开来,可分为两个层面:物业运营和产业运营。根据马斯洛有关于人类的需求理论,园区需求也有层级之分。物业是园区的基础服务,属于底层需求。物业为园区提供包括安保、维修、卫生、保洁、绿化等在内的常规性服务。产业运营是园区的高级需求,能为园区提供技术、人力、平台、资本、营销等在内的增值化服务。

园区运营其他方面做得好,但有一项做得差,服务不到位,客户的观感就会直线下降,结论就倾向于负面评价。我认可一个观点,中国进入新时代,有几个趋势是不可逆转的:创新驱动发展的时代、全行业薄(微)利的时代、运营为王的时代。人才是第一资源,创新是第一动力,创新是经济社会高质量发展的源头活水,也是这个时代的全民共识。运营的本质是服务,服务的差距集中体现在"精细"二字。园区运营不仅要解决企业和产业配套,还要解决企业家配套,面对层出不穷的个性化和共性化需求,运营服务的理念和内容创新永远在路上。

运营服务的顶层设计由物业服务、政务服务、产业服务和企业服务等几大板块构成,是支撑运营服务核心的"四梁八柱",但基础模块和基本内容却是运营服务的基石和底座。为了更好理解园区运营,我们打开运营服务的全景天窗,全方位铺展运营服务的全貌。

第一节　园区运营概述

入园企业的需求体现在"政、产、学、研、金、介、贸、媒"八个维度,也有"政、产、学、研、金、服、用"七要素之说。如何做到生产、生态、生活"三生融合",产业、物业、商业"三业共生",让园区成为宜业、宜商、宜研的"三宜之地",是园区运营创新的终极目标。

推动主导产业发展,促进产业集聚,充分发挥产业集辐射和带动功能,是园区发展的重要任务。园区运营服务体系又是影响产业集聚的核心因素。当下国内大部分园区,为入园企业提供的服务主要停留在基础服务层面。而这些园区集聚的大多数为中小型企业,中小型企业是市场竞争的弱者,普遍存在着融资难、获取信息能力弱、管理粗放、自主创新能力不强等共性问题。迫切需要园区形成促进入园企业快速成长的综合性运营服务体系,为创业者提供政策引导、资金融通、科技开发、人才招聘、平台创建等一系列产业服务,促进资源共享,降低创新创业的成本与风险,有效解决入园企业在发展过程中所面临的实际问题,促进企业快速、健康、可持续发展。

园区运营服务正朝着市场化、专业化、人性化、智慧化、国际化方向发展,不是为服务而服务,而是以更开阔的视野聚集创新创业资源,为产业集聚和企业发展提供更丰富、更完善的服务。通过建立完善的园区运营服务体系,加快形成专业化的公共服务系统,构建长效机制,创新服务模式,提高服务能力,赋能园区企业高质量发展,推动园区竞争力提升。

第二节 园区运营原则

园区产业服务主要是围绕主导产业及龙头企业,开展与企业生产经营相关的支持服务。因此,园区运营服务体系的建设,首先要有鲜明的导向性,重点服务园区主导产业,促进主导产业集聚和发展。其次,要结合园区其他跨行业、跨专业、跨部门的各类企业综合性需求,构建有梯度、有层级,普适性与专有性相结合的运营服务体系。最后,要突出自主性,深化园区自主创新、引领引航的创新服务模式,把特色服务做到位,打造创新创业的园区环境和园区文化,促进各种创新要素在园区汇集并相互耦合。鉴此,构建园区运营服务遵循以下三原则:

第一,平战结合原则。结合园区所在地实际情况,从企业服务平台的搭建到技术支撑平台的应用,线上线下相结合,打好基础、逐步深入,充分运用智慧化、数字化的最新成果,兼顾平时需求和应急服务,全时、全域、全员覆盖,打造与产业共生的现代运营服务体系。

第二,整体联动原则。园区运营服务各大平台的建设和管理,不应是孤立的,而应遵循联动原则,且互为耦合关系,不能只见树木、不见森林。各子平台之间、子平台与系统平台要相互兼容,有效联动,一体实施。

第三,长短结合原则。园区运营产业服务体系建设,不仅要满足园区现阶段需求,更要顾及长远,以需求为导向,长短结合,动态调整。

第三节 园区运营目标

园区运营的核心目标是为入园企业营造良好的发展软环境,培育主导产业,促进产业集聚,形成聚集生产力要素的洼地效应,促进园企和谐共生。

通过园区运营服务体系的建设,优化园区产业生态,打造园区 IP 品牌,提升园区核心竞争力,达到"引得来、留得住、养得大"的运营目标。主要目标有以下几个方面:

第一,通过园区运营服务体系的建设,促进园区产业集聚,产业链条延伸,形成园区主导产业。不能大而不强、多而不精。

第二，通过园区运营服务体系的建设，园区提供增值性服务的能力大大提升，入园企业的满意度和获得感显著提升。

第三，通过园区运营服务体系的建设，树立园区独树一帜的品牌形象，形成"言必称希腊"的口碑传播效果，持续释放园区"吸引核"和"梧桐树"效应。

第四节　园区运营保障

为有序推进园区运营体系建设，需要从组织、人力、设备设施和资金等方面予以全面保障，为运营体系的建设保驾护航。

一、组织保障

成立园区运营服务体系建设工作领导小组，定期召开工作领导小组会议，具体负责园区运营服务体系建设方案、实施计划、工作机制以及其他重要事项，确保体系建设高效运行和方案可靠执行。

二、人力保障

根据园区情况不同，具体职能部门设置和人力配备可以微调。拟成立资产管理部、产业研究部、企业服务部和科技金融部等,各板块责任到人,为入园企业提供入住、生产和经营方面的系列服务。其中资产管理板块负责为入园企业提供租售等相关服务,同时实现园区资产保值增值;产业研究板块主要负责政策研究、科技咨询等工作;企业服务板块负责企业服务平台、人才服务平台及技术支撑平台相关工作;科技金融板块负责园区金融服务平台的相关工作,为入园企业提供投融资相关的服务。具体人数可根据实际情况予以调整。园区运营服务核心是满足入园企业的需求,但运营服务一定不能脱离政府,做到依靠但不依赖。

三、设施保障

通过智慧园区建设,为园区运营服务工作提供软硬件设备设施的保障。智慧园区建设应围绕园区重点产业,搭建产学研对接平台,促进园区主导产业发展,提升园区产业集聚能力;园区的信息化基础设施(如一卡通系统、水电双控系统、智能停车场管理系统、POS 收费系统、智能监控系统、红外幕帘检测系统等)应为园区实现智慧化运营服务提供基础设施保障;要运用物联网、云计算及大数据分析功能,搭建园区在线平台,包括园区门户网站、信息服务平台、企业申报代理系统、物业管理系统、微信服务系统、智能交通引导系统等信息化应用系统,实现园区服务在线化、标准化、流程化。

四、资金保障

资金是园区运营服务平台创建的基础。不管是自行建设,还是委外合作,涉及园区的资源整合、系统开发、信息化建设等都要有必要的资金保障,费用预算必不可少。

第五节 园区运营盈利模式

园区运营服务体系的构建是一项长期坚持、不断完善的有机系统,是园区成为产业赋能平台的重要组成部分。有投入就要有产出,探索园区运营服务体系的盈利模式,有助于合理安排预算,制定合理的增长预期,推动园区稳定运行。表6.1和表6.2分别代表了投入和产出。

表6.1 园区投向分析

平台 类别	企业服务平台	人才服务平台	金融服务平台	技术服务平台
场地投入	√	√	√	
营销投入		√	√	√
运营投入	√	√		
股(债)权投资			√	

表 6.2　园区收益分析

平台 类别	企业服务平台	人才服务平台	金融服务平台	技术服务平台
增值收益		√	√	
运营收益	√	√	√	√
信息收益	√			√
关联收益	√	√	√	√

园区运营服务体系建设应具有创新思维，除了满足为入园企业的基本需求，应着眼加速培育企业上市，提供全生命周期的高质量增值服务，实现服务平台和入园企业之间互相支持、耦合协同发展，"房东＋股东"一体化，提高园区运营的盈利能力。

第六节　园区运营服务体系

运营服务根植于入园企业，因此运营服务体系在框架搭建之前，要充分掌握入园企业的实际需求，并依据园区、企业一般性成长规律，梳理分析园区企业共性需求（见表 6.3）和个性化需求，寻找运营服务体系构建的最优解。

表 6.3 园区企业共性需求分析

企业需求类别	具体问题	园区可提供的解决方案
经营压力需求	办公设施一次性投入大；企业销售信息传递慢	(1) 搭建企业服务平台，充分利用政府政策，在租金上提供扶持，并提供部分办公设施的租赁服务，减少企业资金压力。 (2) 园区建立产品与技术交流模块，帮助入园企业获取相关信息，进行产品、技术和服务信息的发布及交流
技术能力需求	企业创新技术投入大；IT 和信息化维护能力差	(1) 园区建立信息服务平台，帮助园区企业获取新技术信息。 (2) 提供技术支撑服务，建设园区云计算服务平台，向园区企业提供 IT 基础资源和配套措施租赁服务，优化投资环境，节省企业 IT 软硬件投入和开发环境的投入，吸引企业入驻
人力资源需求	企业难以及时找到合适的人才；企业需要花较大代价进行内部专业培训	(1) 构建人才服务平台，协助企业的人才招聘相关工作。 (2) 园区建立教育培训基地，为入园企业提供对口培训服务，并为入园企业提供培训后的专业人才

续表

企业需求类别	具体问题	园区可提供的解决方案
管理能力需求	缺少便宜好用的管理工具,企业办公管理费用高	结合企业需求,提供技术支撑服务,在园区云计算服务平台中提供通用企业管理软件,为企业建立低成本的管理系统
资金投入需求	企业融资困难,企业资金周转慢	建立金融平台,引入第三方金融服务机构,并结合园区自身条件,对入园企业提供投融资等金融服务

企业在各个发展时期,对园区所需的服务也有所不同。一个项目从苗圃期、孵化期、加速期到成熟期,各个时期的企业特征见表6.4。园区应针对各发展时期企业的差异化需求,提供针对性的个性化服务,具体需求如图6.1所示。

表6.4 园区企业各发展时期特征

企业所处阶段	企业特征
苗圃期	有项目,未成立公司,人数一般为6人以下的小团队,产品未市场化及产业化,客户群一般为科研人员、大学生等
孵化期	已成立公司,一般为初创型科技企业,有办公空间,项目处于研发阶段
加速期	已成立公司,一般为孵化器毕业的高成长性公司,一般有研发和生产空间,产品市场化产业化运作

续表

企业所处阶段	企业特征
稳定期	已成立公司,盈利模式确定,客户群稳定;技术成熟,内部管理制度完备,组织结构稳定;供应链关系稳定;从资产负债表上看就是资产稳定增长,负债水平变化不大。从现金流量表上看就是经营性项目上的现金持续净流入

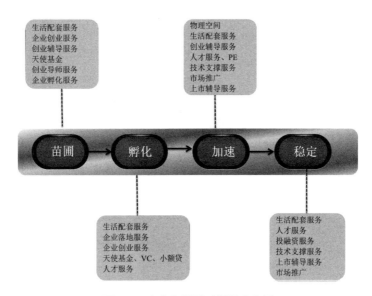

图 6.1　企业各发展时期需求分析

具体产业服务平台整体架构如图 6.2 所示。其中,企业服务平台为其他平台提供基础配套支持,人才服务平台为其他平台提供培训和人力资源方面支持,金融服务平台为其他平台提供金融支持,技术支撑平台为其他平台提供信息化软硬件设备实施等方面支持,四大平台间互相支撑、互为耦合关系。

图 6.2　产业服务平台整体架构图

为保障园区各项业务高效运转,提升园区整体管理能力和服务水平,整合内外部资源,实现系统平台间的互联互通及各项资源的集约化利用,以园区在线服务平台作为统一入口,使用统一流程,为入园企业实现线上线下相结合的服务。具体到四大平台的创建如下。

一、企业服务平台

企业服务平台,包括生活服务平台和生产服务平台,为入园企业提供落地、创业及创业辅导等一系列服务,为企业入住园区全生命周期提供最基础、多层次、全方位的服务。该平台的特色是应用园区在线服务平台,为入园企业提供线上一站式服务,使服务实现标准化、流程化及在线化。

其中,生活配套服务主要含交通配套、餐饮配套、住宿配套、商业设施配套、园区文化建设等内容;生产服务配套主要含企业落地服务、创业服务和企业辅导服务等内容。生活配套服务和企业落地服务以园区提供和运营为主,企业创业服务和创业辅导服务,条件不具备时可以由第三方资源提供中介服务(见表6.5)。

表6.5 配套服务平台内容一览表

服务类别			服务内容
企业服务平台	生活配套服务		包括交通配套、餐饮配套、住宿配套、商业设施配套、园区文化服务等内容
	经营配套服务	企业落地服务	包括办公场地服务、企业设立服务、企业通信服务、物业管理服务、商务服务等
		企业创业服务	包括企业孵化、科技咨询、政策服务、科技成果转化、知识产权、信息平台、市场推广、中介支持等
		创业辅导服务	分为三个服务等级:联络员、辅导员、创业导师

在为入园企业提供服务的过程中,会产生大量业务数据,结合信息平台服务,借助智慧园区大数据分析手段,一方面可为园区及入园企业把握行业信息,熟悉市场情况,了解新技术;另一方面,园区及入园企业可充分运用互联网思维来进行生产经营活动。

二、人才服务平台

人才服务平台包含人才培训平台及人力资源服务平台,为园区企业解决人才供需困难的实际需要提供支持。该平台还可为园区远程在线招商、产学研对接等提供技术支持,实现园区与高校及科研院所、园区与企业间的在线视频与交流共享功能。

人才培训平台通过打造园区教育培训基地实现,通过培育及引入专业运营公司,整合培训机构、高校、企业、政府等资源,提供共享的教学场地和设备设施,利用智慧园区人才培训平台软件,实现线上线下相结合的培训模式,打造人才服务产业链,形成园区人力资源产业。人才培训涉及学分教育(大学生实训)、学历培训、资质获取及技能提升等服务内容,借助基地人才产业链的服务功能,可为入园企业提供可供选择的线上或线下的定向培训、职业培训、专业技能培训,建立多层次的人才培养体系,根据企业需求来进行人才培养或定制化培养,为入园企业定向输送各类专业人才,解决人才招聘及培训问题。

人力资源服务平台,为在线视频招聘一揽子服务平台,是当前市场应用移动互联网技术的领先平台,通过在高校、企业及园区架设云招聘云终端,借助智慧园区在线云招聘系统,实现基本的企业对高校及社会招聘人员的在线视频面试功能;通过在园区构建RPO(招聘流程外包)云招聘中心,实现专业人力资源在线视频面试预先筛选面试者功能,以最大限度契合企业用人需求并提高企业面试效率;对于应聘端,应聘者可通过手机应用程序实现在线视频应聘功能。该平台运用移动互联网技术、符合当前用户"在线体验"的行为习惯,为用户提供实时在线、即时沟通、在线共享文档的仿真面试在线视频云招聘系统,通过线上撮合线下整合的模式,整合企业、高校和园区各方人力资源,为用户提供招聘、人事服务等一揽子人力资源服务功能。同时,通过线上撮合方式,寻求与中华英才网、智联招聘、前程无忧等大型人才招聘机构合作,整合各种社会资源,促使人才、科技与其他要素有机结合。建立人才数据库,运用大数据分析,进行人才数据分析,准确掌握企业用人需求和可供选择的人才资源,实现人才按需、高效供给(见表6.6)。

表6.6 人才服务平台服务内容

服务类别	服务内容
人才培训	学分教育:大学生实训基地
	学历培训:根据国家教育部下达的招生计划录取的学生,按教育主管部门认可的教学计划实施教学,学生完成学业后,由园区培训机构颁发国家统一印制的毕业证书和学位证书
	资质获取:经园区培训机构进行专业培训后,经过相关考核,获取资质证书
	技能提升:经园区培训机构进行专业培训后,专业技能得到提升

续表

服务类别	服务内容
人力资源服务平台	服务网站:建立园区人才供需服务网站。包括企业库管理、招聘信息管理、招聘搜索管理、人才搜索管理、信息发布
	建立云招聘平台:搭建起院校与企业、求职者与企业、院校与培训机构的沟通桥梁。同时,通过与51job、中华英才网、智联招聘等专业招聘网站建立战略合作关系,把专业招聘网站资源导入人力资源服务平台
	猎头招聘:与猎头服务企业建立战略合作关系,并把猎头资源及业务导入平台系统,实现猎头服务线上化
	人才引进:搭建高端人才服务板块,协助企业引进行业发展急需和紧缺的各类专业技术人才;引进海内外高层次管理人才
人才培训	组建人力资源联盟:引进相关人才猎头和专业培训机构,帮助企业完成从人员入职到岗位设置、绩效考核的全周期人员培养与评估任务
	创新活动:定期组织园区企业人力资源主题沙龙活动;定期邀请资深老师对园区企业人事经理进行主题培训;组织存量人才来源调研分析,提高企业人才引进成功率;组织企业参加人才联盟

续表

服务类别	服务内容
	人事服务:实现为园区企业提供人事代理、协助企业申请人才补贴、档案管理、企业招聘、应届毕业生落户等服务项目等功能

三、金融服务平台

金融服务平台是为园区企业解决融资难问题,通过线上线下相结合的方式,完善园区产业金融体系。同时,通过金融机构资源的渠道嫁接,包括银行(含科技银行)、基金(含天使基金、风险投资、私募股权投资)、证券(含新三板、企业金融)、融资租赁、担保、再担保、资产管理、会计师事务所、律师事务所等机构,构建资本中心及科技孵化中心,拓宽园区产业招商的渠道,营造园区产业与科技金融互动的良好环境。

金融服务平台服务内容主要是以股权投资和科技信贷两大业务为主线,涉及资产管理、创业投资、融资担保、小额贷款、投资管理咨询、上市服务,以及发起设立并购重组和私募股权基金等领域,建设投保贷典租一体化的科技金融服务平台。通过聚集银行、信托、基金、证券、担保、再担保、保理、融资租赁、资产管理、网络金融、会计师事务所、律师事务所等机构,搭建技术与资本的有效对接通道,打造投保贷典租等一体化服务链条,实现资源共享、业务协同、工具创新和效率提高,为园区企业提供多元化、多层次、全方位的专业化金融服务。

一般采取"6+1"板块组合模式,为园区引入科技孵化中心、创业中心、资本中心、产业中心、上市公司培育中心(企业成长中心)、综合公共服务中心、信息数据情报中心等职能服务平台,同时提供战略层面的智库支持,金融服务平台建设以拓宽资金投入渠道与通畅退出机制相结合,形成产业金融创新互动的良好环境,完善园区产业金融体系(见图6.3)。

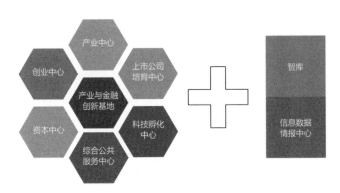

图6.3 金融服务平台基本构成图

结合金融服务平台的6个分中心功能,可为地方、园区、企业引入投融资规划等40余项服务内容,形成园区和企业发展的品牌和名片,引领产业发展方向、创新经济发展模式,带动区域经济健康发展(表6.7)。

表 6.7　金融平台服务内容

服务类别	服务内容
科技孵化中心	技术筛选、政策服务、技术认定、技术产权交易、技术孵化、技术产业化
创业中心	创业辅导、创业策划、创业咨询、创业培训、创业基金、创业学院
资本中心	投融资规划、银行、保险、私募基金、信贷、租赁、信托、债券、证券投融资
产业中心	产业研究及产业规划、产业链招商、新兴科技产业、动漫体验产业、文化创意产业、软件外包产业
上市公司培育中心	上市公司总部，当地公司的筛选、整合、收购和兼并，上市培育，企业成长服务，IPO 服务
综合公共服务中心	政府管理培训、企业家培训、职业技能培训、商标注册专利法律、政府公共服务、会议策划

四、技术支撑平台

借助智慧园区建设契机，充分利用园区在智慧园区建设方面的设备实施及资源，搭建园区数据中心云服务平台，同时充分利用园区所在地、其他地方的技术服务平台优势，积极和其他专业园区、科研机构、大学联系，争取这些机构的技术平台、仪器设备的共享使用，鼓励、组织入园企业参与园区技术服务平台的相关活动。同时,园区积极引进第三方专业技术服务平台公司,通过其市场化经营,为入园企业提供专业的技术支撑服务。

  数据中心云服务平台是一个 IT(互联网技术)服务性平台,为总的服务器端,提供信息化系统集成服务、IaaS 服务(基础设施及服务)、PaaS 服务(平台设施及服务)、SaaS 服务(软件及服务),即用户可根据需求直接向数据中心服务提供商租用 IT 类基础设施、平台设施和软件等服务,实现 IT 服务"随用随买、按需购买"。通过为园区入园企业或其他企业提供 IDC(互联网数据中心)服务、云服务,企业可将 IT、网络、运维、行业应用等服务器的维护和管理全交给园区服务应用平台,有助于企业将大量的精力和资金都专注于核心业务,增强企业竞争力,为传统的 IT 产业往服务化、运营化的方向上转型、升级提供技术支撑平台(见表 6.8)。

表 6.8 数据中心平台服务内容

服务类别	服务内容
信息化系统集成	以信息系统的规划和建设维护为基础,提供以咨询服务为核心、以信息化系统建设为支持的高端服务
IaaS 服务	基础设施及服务,是对所有设施的利用,包括处理、存储、网络和其他基本的计算资源,如数据存储、服务器托管等,用户能够部署和运行任意软件,包括操作系统和应用程序

续表

服务类别	服务内容
PaaS 服务	平台及服务,是把客户采用提供的开发语言和工具(例如 Java,python,.Net 等)开发的或收购的应用程序部署到供应商的云计算基础设施上去
SaaS 服务	软件及服务,是运营商运行在云计算基础设施上的应用程序,用户可以在各种设备上通过客户端界面访问,如浏览器

第七章　园　区　融　资

园区运营是一个体系,这个体系应以模式创新为引领,以产业创新为核心,以金融创新为支撑,以运营创新为保障,打造产业链、金融链、服务链和价值链相互支撑、相得益彰的有机体系。

园区最理想的状态是产融结合,园区金融也应脱虚向实,服务实体经济,回归主业。本章的园区金融主要是针对园区融资,园区是金融产品创新和场景应用的大熔炉。不同模式下园区的融资方式不同,但园区自身的融资又是重点和难点。

按照金融产品分类,常见的园区融资方式有股权类、债权类、结构化金融产品和新金融类等(产业链金融、融资租赁等)。结构化融资产品主要是发行项目收益债(PRB)和资产证券化(ABS)两种。这其中又以银行为主渠道获取项目资金,不管政策性银行抑或是商业银行基本还是信贷思维,不是投行思维,这无疑会增加融资难度。

本书重点阐述 PPP(public-private partnership,政府和社会资本合作)模式下的园区融资,理由有三:第一,PPP 是一种新型的、政策鼓励支持的有效投融资工具,对金融机构、社会资本方包括园区从业者不应缺席。第二,PPP 模式下的产业园区现金流稳定,园区融资和资金管理伴随全生命周期。园区既可单独债权融资,也可股权融资,还可以股债结合。项目进入运营期后,仍能通过资产证券化、发行 REITs(不动产投资信托基金)等多种金融工具实现再融资。第三,PPP 模式下的产业园区,融资周期长、难度大、结构复杂,掌握 PPP 模式下的园区融资,可以做到触类旁通、一通百通。通过对具体项目的融资路演和可行性分析,金融机构参与项目的意愿及融资的可及性有个基本判断。PPP模式下的产业园区融资为理解金融、了解产业、认识园区提供了独特视角,值得我们俯身观照、仔细研读。

第一节　PPP模式融资结构

PPP模式具有减轻财政负担、合理控制项目成本、提高项目建设运营效率等诸多优点,在许多领域得到推广和应用,并获得快速发展。同样,在园区基础设施投资建设领域,PPP模式也获得了国家政策的支持,该模式下的项目融资是园区融资的重要途径之一,也是关乎PPP园区项目实施的关键所在。

一、资本金融资

资本金主要通过股权融资,原则上占总投资的20%～30%,通过股权基金、股权信托或其他直投方式;融资额一般占股权的50%～80%。通过引入股权基金、信托投资,年化成本一般在6%～8%,期限一般在3～7年,主要看建设期长短,策略上需要设置比建设期更长一些,但要有可以提前回购的弹性制度安排。

资本金融资一般要采取以下风险缓释措施:

(1) 社会资本方承诺到期受让基金股权(或信托股权)并给

予收益保障(差额补足:即项目公司现金流不足以偿付投资本金和利息时,社会资本方给予补足)。

(2) 政府授权出资人为社会资本方回购股权进行增信:回购担保、平行受让或流动性补足承诺。

(3) 项目公司(SPV)向政府出具政府付费优先偿付增信人的承诺函(平台公司顾虑政策风险,涉嫌隐债事宜)。

(4) 项目公司(SPV)向股权基金、信托投资承诺政府付费除偿还项目贷款本息之外,其余部分优先用于社会资本受让其股权。

二、债权融资

项目债务融资:项目贷款、项目收益债等,主要是项目贷款。项目贷款审批所需的合规性材料需要齐全(特别注意可研、立项、PPP合同数据的一致性,PPP合同金额与可研、立项差异额不能超过10%),项目贷款投放需要"四证"及工程量确认(监理机构和实施机构确认),期限一般为建设期+运营期,利率目前一般为5年期以上人民币贷款市场报价利率(LPR)报价上浮10%~15%,还款期限设置上要和PPP合同约定的政府付费相匹配(比政府付费时间要有一定延后,以便突发事件导致还款资金时间错配)。项目收益债发行需要符合条件,主要是要求自身有经营现金流,特别适合经营性、准经营性项目,但有负面清单控制。

债券融资一般要采取以下风险缓释措施:

(1) 项目预期收益权质押。

(2) 银行对项目公司(SPV)设置政府付费收款账户的监管,并取得政府方确认(协议为准)。

(3) 社会资本方承诺对项目公司(SPV)还贷资金不足时的差额补足。社会资本方可不做连带责任担保,不用签署担保合同,只出具承诺书。

(4) 项目可抵押资产设置抵押(若有)。

第二节　PPP 模式融资流程

一、基本条件

PPP 模式的融资条件,是基于该模式下融资实现的前提和基础。

(1) 项目须列入财政部全国 PPP 综合信息管理平台项目库,具有列入财政 PPP 项目库的证明材料及各项批复文件。

(2) PPP 项目相关合同资料。

(3) 注册 PPP 项目公司(SPV)并取得营业执照、税务登记证、组织机构代码证等相关证件。

(4) 合资公司中双方股东为项目资本金部分的股权融资方式,提供合理的增信支持。

(5) 项目涉及的政府可行性缺口补助应纳入政府年度财政预算和中长期财政规划,并经同级人大审议通过,具有取得政府机构对本项目纳入财政预算(跨期)的各项批文及同级人大决议相关文件。

(6) 其他项目合规合法性手续齐全。

二、意向合作银行选择

至少洽谈并选择两家以上银行作为项目贷款的意向合作银行,确定首选意向合作贷款行。

三、贷款方案的确定

贷款方案的合理性对贷款审批通过的可行性至关重要,应按如下顺序合理设计贷款方案的各个关键点:

(1) 根据项目施工计划确定资金投入方案。

(2) 根据资金投入方案和政府付费方案(如是经营性项目根据现金流测算)制定资本金和项目贷款金额以及期限,确保现金流在融资到期日,能覆盖偿还融资本金和利息等。

(3) 确定担保措施,主要落实以下几个方面:一是项目(预期)收益权质押;二是社会资本方(或项目公司股东按照股权比例)对贷款本息偿还差额补足承诺;三是资产出租或销售收入资金专户监管并优先偿贷;四是准经营项目或经营性项目,如政府付费不足以覆盖贷款本息时,可能需提供有效资产抵押或股东及其认可的第三方连带责任担保。

(4) 贷款规模的测算过程是一个系统性、反复性的工作,贯穿与银行等各方面沟通的整个过程,需要充分采纳各个方面的意见和建议,根据总投资/资本金占比/政府付费/银行分级审批权限等初步确定贷款规模。

(5) 形成初步贷款方案,完成相应流程审批后,方可向银行提供。

四、贷款的申请

向银行提交 PPP 项目公司融资计划书,和银行沟通关键条款。如贷款规模、贷款期限、综合成本、抵押物的抵押率或其他担保措施、还款方式等,经银行核准同意建立信贷关系。为保障项目融资落地,应同时向不少于两家银行提出申请。

五、申请贷款提供的资料

PPP 模式的贷款申请资料,是基于该模式下向贷款行融资所需提供的核心要件。

(1) PPP 项目公司(SPV)证照资料:

① 经年检的法人营业执照(三证合一);② 年检的贷款证(卡)(原件及复印件);③ 银行开户许可证(复印件);④ 税务登记

证正/副本(复印件);⑤ 资质证书(复印件);⑥ 股东方公司证照资料。

(2) 项目资料:

① 项目立项批文(复印件);② 项目环境评价报告(复印件);③ 项目可行性研究报告(复印件);④ 纳入政府财政预算的文件及人大决议(复印件);⑤ 项目中标通知书、PPP项目合同及附件(复印件);⑥ 近三年地方财政报表(复印件);⑦ 建设用地规划许可证、土地使用权证、建筑工程规划许可证、施工许可证等。

(3) 报表等资料:

① 公司章程、验资报告;② 公司经会计师事务所验审的近三年财务报告及最近一期财务报表;③ 股东方近三年和最近一期财务报告。

(4) 其他文件资料:

① 法人代表人或其授权代理人证明书及签字样本;② 股东会(董事会)同意申请贷款的决议;③ 公司主要高管简历及工作人员文化结构等(主要指法定代表人、总经理、财务负责人)。

(5) 若属符合有关规定的平台公司提供信用担保方式的贷款,保证人亦须提交保证人上述各项资料。

(6) 若属抵押或质押担保方式的贷款,须提交抵押物或质押物清单、抵押物价值评估报告、所有权或使用权证书及有处置权人同意抵押或质押的承诺证明。

(7) 若属专业担保公司提供担保的贷款,需提交担保公司担保意向函。

(8)金融机构需要的其他材料。

六、贷款的发放、使用及归还

PPP模式的贷款申请资料,是基于该模式下贷款行向项目公司(SPV)发放贷款、资金使用以及后期项目公司(SPV)向贷款行偿还本金的全过程管理。

(1)在贷款批复下达后,由融资单位根据融资批复确定的条件,配合经办行对批复条件进行落实,办理相关手续:在签订贷款合同前,应重点关注综合成本、还款或支付方式、期限等几个关键条款,经合同审批流程进行审批后方可签订贷款合同;经银行和政府管理机构认可的评估机构出具抵押物评估报告;签订保证合同并办理抵押、质押、担保等贷款审批要求的手续。

(2)项目公司(SPV)具体负责和贷款经办行洽商项目贷款发放申请、贷款的使用。

(3)向金融机构报送贷后管理材料。

(4)项目公司(SPV)要根据财政回购情况和贷款还款条件,每季度提交一次是否达到贷款还款条件的资金报表。如提前达到还款条件或银行要求提前还款应及时报告股东方财务部门。

(5)PPP项目贷款归还后,PPP项目公司(SPV)负责对本笔贷款涉及的担保进行解除,并对本笔贷款进行评价和总结,形成贷款总结评价报告。

第三节　PPP 模式园区融资案例

融资是园区项目必经的环节，PPP 模式又是新型的重要投融资工具。"PPP＋产业园区"二者不是简单的线性相加关系，PPP 模式下产业园区融资是流程最复杂、难度系数最高、不确定性最强的融资方式。一旦掌握并能举一反三，就等于打通了项目融资的"任督二脉"。我们以某大型园区项目的融资实践为例，介入所有关键融资环节，真正把融资的飞轮顺利转动起来。以下为融资计划书范例。

融资计划书

概　　要

____年____月____日，_____股份有限公司通过公开招标，中标____市____高新技术产业开发区_____PPP 项目。项目总投资_____万元，合作期限____年，其中建设期____年，运营期____年，整个项目的投资、融资、建设、运营等全部交由_____发展有限公司（以下简称 SPV 公司）负责实施；项目实施符合国家、地方相关政策法规和产业政策，已进入财政部 PPP 项目库并到执行阶段，＿＿＿年被评为第四批国家级示范项目，也是＿＿＿＿＿投资基金管理有限责任公司在＿＿＿＿＿省直投的首个 PPP 项目。

  本项目建设资金需求＿＿＿＿＿万元，其中股东自筹项目资本金＿＿＿＿＿万元，通过向银行申请项目贷款＿＿＿＿＿万元。资本金部分由＿＿＿＿＿投资基金管理有限公司出资＿＿＿＿＿万元，＿＿＿＿＿股份有限公司出资＿＿＿＿＿万元，政府方出资＿＿＿＿＿万元，其他投资人出资＿＿＿＿＿万元；项目贷款部分在约定期限内由政府付费、园区资产租售收入、园区运维收入作为还款来源，并由项目土地使用权（含地上建筑物）抵押和第三方差补为项目贷款提供增信，进一步降低贷款行的风险。本项目与银行采用全面战略性合作，为金融机构提供综合服务平台，实现双方共享、互赢。

项目情况介绍

一、项目概况

（一）项目基本内容概述

  本项目规划用地＿＿＿亩，总建筑面积＿＿＿万平方米，其中包含中央创新中心、创业孵化器、专家公寓、科技产业园、工业技术研究院、大健康研究院、配套建设道路、广场、停车场、绿化、管网等，总投资＿＿＿＿＿万元。本项目总的建设期＿＿＿年，运营期＿＿＿年，分＿＿＿期建设。本项目采用 PPP 模式实施，实行"使用者付费＋可行性缺口补助"的回报机制。

(二)项目实施政策符合性情况

1. 本项目实施符合国家关于PPP方面的相关政策法规

《国务院办公厅关于促进开发区改革和创新发展的若干意见》(国办发〔2017〕7号)文指出:鼓励以政府和社会资本合作(PPP)模式进行开发区以及开发区内的特色产业园的投资建设运营,积极探索合作办园区的发展模式。

《财政部关于推广运用政府和社会资本合作模式有关问题的通知》(财金〔2014〕76号)文指出:推广运用政府和社会资本合作模式,是促进经济转型升级、支持新型城镇化建设,加快转变政府职能、提升国家治理能力的一次体制机制变革,是深化财税体制改革、构建现代财政制度的重要内容。

本项目完全根据相关政策规定规范要求实施,符合《财政部办公厅关于规范政府和社会资本合作(PPP)综合信息平台项目库管理的通知》要求的各项规定。

2. 本项目以_____为核心的产业定位,受到国家及地方产业政策鼓励和大力支持

2015年5月,中共中央、国务院正式印发《京津冀协同发展规划纲要》,明确提出"支持山东DZ市建设京津冀产业承接、科技成果转化、优质农产品供应、劳动力输送基地和京津冀南部重要生态功能区"。DZ市作为山东全省唯一纳入规划的城市,"一区四基地"战略地位正式确立。

2016年6月,山东省委办公厅印发了《省委办公厅省政府办公厅关于支持DZ市加快融入京津冀协同发展的意见》指出:优

先保障 DZ 市"一区四基地"建设用地；鼓励京津冀和省管重大项目优先在 DZ 市布局；支持 DZ 市成为疏解北京非首都功能的"微中心"，打造产业转移载体；支持 DZ 市提升应用技术发展水平、建设重大科技成果转化载体、建设创新谷、区域性大数据服务中心、相关人才引进培育政策给予 DZ 市优先考虑等内容。

《国务院关于山东新旧动能转换综合试验区建设总体方案的批复》（国函〔2018〕1 号）同意《山东新旧动能转换综合试验区建设总体方案》，方案指出：积极对接京津冀协同发展战略，主动承接北京非首都功能疏解及京津产业转移。

3. 本项目为 PPP 政策及产业政策支持项目，符合金融监管部门的信贷政策

《中国银监会国家发展和改革委员会关于银行业支持重点领域重大工程建设的指导意见》（银监发〔2015〕43 号文）指出：全面贯彻落实党中央、国务院有关国家重大战略和重大工程项目建设的文件精神，以重点领域重大工程为核心，强化政银企社合作及信息共享，完善工作机制和信贷政策，加强信贷管理和金融创新，全面做好国家重大战略部署的金融服务工作。

在 2017 第三届中国 PPP 融资论坛上，央行金融市场信贷一处处长曾辉表示：必须探索金融支持 PPP 项目有效模式，应针对 PPP 项目发展不同阶段，创新提供不同形式和不同属性的金融工具和产品，通过开发性和商业性信贷结合、股债结合等方式全方位参与。

(三) 项目投资概算

表 7.1 项目投资概算表

序号	工程名称	业态分摊投资(含增值税)(万元)								
		合计	中央创新中心	创业孵化区		专家公寓		科技产业园	工业技术研究院	大健康研究院	配套商业
				1区	2区	1区	2区				
一	工程费用										
1	建筑工程费										
2	室外工程费										
二	土地费用										
三	工程建设其他费用										
四	基本预备费										
五	建设投资小计										

续表

序号	工程名称	业态分摊投资（含增值税）（万元）								
		合计	中央创新中心	创业再化区		专家公寓		科技产业园	工业技术研究院	大健康研究院	配套商业
				1区	2区	1区	2区				
六	建设期融资费用										
	总投资										

（四）项目经济效益测算

表7.2 项目经济效益测算表

项目	金额（万元）
一、营业收入	
1. 政府付费	
2. 使用者付费	
3. 运营费	
二、营业支出	
1. 工程支出	
2. 土地款	
3. 利息	
4. 运营费、管理费	
5. 税金	
6. 不可预见费用	

续表

项目	金额(万元)
三、营业利润	
所得税	
四、净利润	

二、项目所在地基本情况

(一)所在区域基本情况

DZ市位于山东省西北部、黄河下游冲积平原,是山东省的北大门。北依北京市、天津市,南接济南市,西邻河北省,东连滨州市、东营市。处于环渤海经济圈、京津冀经济圈、山东半岛蓝色经济区以及黄河三角洲高效生态经济区交汇区域。京杭大运河有140多公里流经境内,历史上曾是重要的漕运通道。DZ市自古就有"九达天衢""神京门户"之称,是全国重要的交通枢纽。历史悠久,是大汶口文化和龙山文化的发祥地之一。DZ市是中国太阳城、中国功能糖城、中国优秀旅游城市以及国家交通运输主枢纽城市。

Y城市位于鲁西北冲积平原,因大禹在此治水功成名就而得名,综合实力处于DZ市前列;荣获国家级生态示范区、中国营养健康产业城、全国绿色能源示范市、全国科技进步先进市等75项省级以上荣誉称号和城市品牌。全国中小城市综合实力百强县市,同时,获得全国中小城市投资潜力百强县市、全国新型城镇化质量百强县市、全国创新创业百强县市等"百强"桂冠。山东大学"五大发展理念"视角下的县域科学发展排名,列全省第18位、居

DZ 市各县市首位。如今的 Y 城,蓝天白云、碧波荡漾、鸟语花香,人与城市、自然和谐共生。

(二)产业基础优势

DZ 市是我国发展较早、规模较大的生物产业集聚地,技术水平和产业实力国内领先。目前,DZ 市生物产业已初具规模,形成以生物制造为特色,并延伸至生物农业、生物医药、生物能源等领域的产业体系。功能糖、酶制剂等生物制造,燃料乙醇、生物柴油等生物能源以及生物医药、生物农业等是产业发展重点。

Y 城市依托 DZ 高新区,大力支持生物产业发展,将生物产业作为全市的支柱产业,依托骨干企业,形成以功能糖为特色的生物制造产业强势推进,生物医药、生物能源等初现端倪的发展态势,先后获得"中国功能糖城"、国家高技术(生物)产业基地等称号。高新区生物制造产业集聚全国淀粉糖行业 20 强企业 3 家,上市公司 2 家,形成以功能糖为特色,"三糖"(保龄宝、龙力、福田)领跑的格局,其中功能糖年综合产能 110 万吨,国内市场占有率 80% 以上,国际市场占有率 35% 以上,低聚木糖、木糖醇等产品生产能力世界第一,低聚糖亚洲第一,并不断探索向下游拉伸产业链,提升产业附加值。此外,随着广博生物产业专业孵化器的建成投用,为高新区发展高附加值工业发酵制品、酶制剂等创造了机遇。生物医药、生物能源、生物农业、生物材料发展成绩初显,将进一步推动园区生物产业的发展。

(三)财政能力情况

Y 城市 2017 年实现地区生产总值＿＿＿亿元,同比增长

____%;一般性公共预算收入____亿元,一般公共预算支出实现____亿元,比上年增长____%;GDP 和财政收入增长均高于全国平均水平,经济潜力较大。目前,本项目所在的 DZ 高新区新引入项目近____个,总投资超过百亿元,项目个数、投资额度均创历史新高。经财政承受能力论证,Y 城市财政情况足额覆盖本项目的财政支出。

三、项目实施的意义

项目位于 DZ 高新技术产业开发区,是 Y 城市乃至 DZ 市未来重点发展的区域之一。本项目对 DZ 国家级高新区的未来发展将起到引领带动作用,对区域经济社会发展具有较明显的促进作用。

1. 抓住当前国际、国内产业结构调整的重大机遇,打造承接产业转移和产业升级的平台

承接京津翼、济南等区域产业转移,助推产业结构优化升级。Y 城处于山东省"一圈一带"战略建设的叠加区,省会城市群经济圈中,成为最易融入济南经济合作、接受科教资源辐射、承载产业外溢、实现同城效应的地区之一。同时,作为山东距离京津冀最近的城市,迎来京津实现产业协作、要素流动的发展良机,占据能够链接高端资源、实现开放发展的桥头堡优势。在积极承接京津翼、济南区域产业转移的同时,凭借优越的区位条件、平台搭建、环境资源及招商政策等优势,助推产业结构优化升级,打造创新创意高地。

2. 打造产业共享载体,整合产业链,降低入园企业成本,减

轻入园企业固定资产投资压力,提升区域招商引资竞争力

促进高新技术产业发展,搭建完善的产业链,DZ 国家级高新区中央创新区作为 Y 城市重点发展区域,以科技创新作为发展的优势和不竭动力,以生物、装备制造、新材料产业为核心,汇聚智慧农业、智能装备制造、生物医药、生物基材料、晶体材料、石墨烯材料等前沿交叉领域先进成果,集研发、孵化、加速、实训、检验检测、成果转化、金融服务为一体的公共创新创业载体,形成国际一流的区域产业生态创新体系。项目运营后,将搭建起产业平台和相关产业链,带动和促进高新区内上下游相关产业的发展,形成规模发展效应,同时能够集聚相关专业人才,增强高新区产业发展和人才创业的吸引力。

3. 优化资源配置,土地集约利用,优化产业功能布局,提升园区公共服务能力,培育企业新动能

创新土地利用方式,推进土地节约集约利用,优化空间资源配置,拓展产业发展空间;构建 Y 城功能糖多位一体的产业服务体系,增强园区公共服务能力和水平,培育企业新动能。

4. 带动创业就业,促进人才集聚,进一步带动地方经济发展

DZ 国家级高新区作为 Y 城乃至 DZ 市大众创业、万众创新的重要平台,本项目的建设运营将为高科技工作人员、创新团队、专家团队等创业就业提供一流的办公、创业条件,以及优越的生活居住环境,可进一步增强高新区人才集聚,带动相关产业就业水平提升。高素质人才的汇聚可为高新区经济可持续发展奠定坚实的基础。本项目建成后,将为周边居民提供物业、商业运营

等大量的就业岗位,增加居民收入。

项目公司(SPV)概况

一、基本情况

公司名称:_____发展有限公司

注册资本:_____万元

股权结构:

表7.3 项目公司股权结构表

股东名称	占股比例	出资金额(万元)
_____建设投资有限公司		
_____投资基金管理有限责任公司		
_____股份有限公司		
合计	100%	

二、股东情况

(一)政府方股东情况

_____建设投资有限公司位于山东省DZ市Y城市_____,于2009年04月08日在Y城市工商行政管理局注册成立,注册资本为_____万元人民币,国有独资企业,主要经营以企业自有资金对外进行项目投资、城镇基础设施投资、社会公用事业投资、棚户区改造投资、新农村建设投资、旅游设施投资等。截至2017年12月份,公司总资产_____万元,净资产_____万元,实现营业收入_____万元。

（二）社会资本方股东情况

_____股份有限公司创立于_____年，注册资本_____万元，是中国产业集聚一站式服务运营商，专注于为主题产业园和产业小镇提供从产业策划、规划设计、投资融资、工程建设、产业招商和运营管理的全生命周期服务，服务实体经济发展，助推区域产业结构调整、转型升级。

公司已建立完善的内部管理和控制制度，形成了包括股东大会、董事会、监事会及管理层在内的治理结构，现有员工____人，平均年龄____岁左右，90%以上具有本科及以上学历，其中高层管理人员____人，平均年龄____岁。

截至目前，股权结构如表7.4。

表7.4 社会资本方股权结构

编号	股东姓名	持股数（万股）	比例
1			
2			
3			
4			
5			
	合计		100%

2015年、2016年、2017年分别实现营业收入_____万元、_____万元、_____万元，分别实现净利润_____万元、_____万元、_____万元。

项目资金筹措

一、资金需求

本项目总投资_____万元,其中项目资本金_____万元,由_____投资基金管理责任有限公司出资_____万元,_____股份有限公司出资_____万元,政府平台出资_____万元,其他投资人出资_____万元。剩余资金由银行为项目提供项目贷款_____万元。

二、资金来源

(一)项目资本金

表7.5 项目资本金出资额

股东名称	占股比例	出资金额(万元)
	100%	

(二)项目贷款

1. 贷款规模:_____万元。

2. 贷款期限:_____年。

3. 贷款利率范围:互基准上浮_____%(最终根据市场和双方协商进行调整)。

4. 贷款还款安排:根据最终审批金额、年限等额本金偿还。

5. 贷款还款资金来源：

(1) 使用者付费。

(2) 政府缺口性补助。

(3) 资产出租或销售收入。

6. 贷款风险控制措施

(1) 政府付费纳入Y城市中长期财政预算由Y城市人民政府提请将本项目财政支出责任纳入跨年度财政预算的议案，Y城市人大常委会出具批准的决议。

(2) PPP合同项下的预期收益权质押

项目公司(SPV)将《PPP合同》项下的预期收益权向金融机构提供质押，作为担保措施。

(3) 政府同意项目土地及其地上建筑物抵押的函

政府出具同意将该项目的土地使用权(含地上建筑物)为项目贷款设置抵押的函。

(4) 项目土地及其地上建筑物抵押(抵押合同按金融机构固定模板)

该项目的土地使用权(含地上建筑物)为项目贷款设置抵押，并办理抵押登记手续。

(5) 项目公司(SPV)股东提供差额补足承诺

如到期《PPP合同》项下的当期政府支出义务未能及时足额支付或无法完全覆盖需偿还的当期贷款本息，由项目公司(SPV)股东按股权比例对差额部分进行补足，用于按期偿还金融机构的贷款本息。

(6) 政府付费资金专户监管

SPV公司开立专户,作为政府支付《PPP合同》项下的政府支出义务的指定账户,由三方监管使用,专项用于偿还项目贷款的本息。

(7) 资产出租或销售收入资金专户监管并优先偿贷

SPV公司开立的专户作为本园区产业运营收益(园区固定资产租售收入、园区运营收入等)指定收款账户,由三方监管,优先用于偿还项目贷款当期的贷款本息。

贷款银行的综合贡献

为进一步缓释贷款风险,提升贷款行的综合贡献度,我司承诺在本项目建设期和运营期内,贵行享有为园区建设、生产、生活、运营等提供金融服务的优先权(具体可提供详细附件),包含但不限于以下服务,具体见表7.6。从园区运营全生命周期的角度,园区运营商能够为贷款银行所提供的增值服务清单,以期贷款行为项目提供更普惠的贷款条件。

表7.6 贷款银行金融服务分类表

阶段 服务	建设	生产	生活	运营
开户	施工企业	入园企业开户	商贸类开户	物业公司
存款	工程款	公司存款、理财	员工储蓄、理财	运营收入

续表

阶段\服务	建设	生产	生活	运营
结算	农民工工资发放、汇票、信用证	工资代发、公司结算业务、基金托管	个人收支业务	智慧园区管理一卡通等
贷款	分包企业贷款	企业各类贷款、设备融资租赁、基金配资	个人消费贷款	园区资产销售按揭

PPP园区项目亮点

一、还款有保障

本项目政府财政状况良好,政府信誉强,同时追加土地及其地上建筑物抵押和第三方增信,进一步降低贷款行的风险。

二、风险可控制

本项目符合相关政策规定,被评为财政部第四批示范项目且为中国PPP基金在山东省投资的第一个项目,有着很好的示范效应;项目合规性手续齐全,具备完善的增信措施,还款风险较低。

三、政策有支持

本项目符合国家的PPP相关政策,得到产业政策、信贷政策及山东省新旧动能转换政策的鼓励和支持,具有良好的政策基础和发展前景。

四、盈利多元化

本项目按照"PPP＋投建联动＋产业运营一体化模式"实施，能够构建良好的产业生态链，产生工程建设、运营服务、招商引资、金融服务、股权投资、政策奖励等收益，具有盈利渠道广、盈利能力强的特点；同时通过园区建设、生产、生活、运营为贷款行提供较高的综合贡献度。

第八章 园区风险

园区最大的风险或许就是业者没有发现风险或者识别风险的能力,认知上有盲区。"认识不到风险"就是最大的潜在风险,对风险的识别和管理将贯穿园区运营全生命周期,也是园区业者所应具备的核心能力之一。当然,我们认为园区风险应该是中性的,对待可能的风险既不能掩耳盗铃,也不要过度干预。理应有适当的风险意识,未雨绸缪,防患于未然。

本章从PPP模式下的园区风险讲起,能够更全面、更系统地识别园区风险。因为"PPP+产业园区"不是简单的相加,这种组合方式下的不确定增强,出现风险传导,园区风险可能会成倍放大。

"PPP+产业园区"分为两大类,即由PPP模式衍生出的政策风险、合同风险和融资风险三个方面,以及由产业园区所带来的建设风险、招商风险和运营风险三个方面。这六个方面的风险类别不同、出现的时机不同、应对策略不同,风险识别的过程就是不断试错的过程,为了降低风险出现的概率,应以啄木鸟式逐一筛查梳理,全面提高可用性。

第一节　政策风险

从风险的类别上分析,政策风险属于系统性风险,也是园区相关者无法规避的风险。园区类 PPP,也是 PPP 模式的应用领域之一。在 PPP 风险种类的分配中,政策风险和法律风险主要由政府承担,投资、建设和运营风险主要由社会资本方承担,不可抗力风险则由政企双方按照协议约定或按股权比例进行承担。

从风险的程度上分析,中央层面政策的连续性和稳定性强,自上而下,越往下风险越大。有时候,我们常把政策风险和法律风险混为一谈。其实,园区政策的最大风险也可以称为政府风险。典型的例子就是"新官不理旧账"和"新官不认旧项(目)"。比如,我们曾在各地遇到这样的事情,上一任领导确立的园区建设规模、产业类别以及招商政策等,期间遇到新领导,新官上任三把火,可能要另打锣鼓另开腔,对园区合作方案进行重置、颠覆性调整。原本计划投资规模 10 亿元的项目,可能会被瘦身到 1 亿元。这种政策的变化风险其影响是显而易见的,对园区投资的资金安排、团队配置、合作进程等带来直接冲击,大幅增加管理成本。

第二节 合同风险

PPP模式下,合同风险带来的园区法律风险最多,需要澄清的是,所谓园区法律风险,不是法律本身存在风险,而是项目执行过程中,由双方共同认定的、具有法律约束力的固化合同条款,给各方带来具有法律意义上的潜在风险。这里我们把PPP模式下产业园区的合同条款进行摸排,梳理出埋在合同下的"法律地雷",以便及时拔掉引线。

一、关于合作期与建设期的约定

很多园区PPP项目合作期限简单约定为n年,即n=建设期+运营期。这个看似不经意的约定,隐含着不少风险。合作期限的约定一经固化,则建设期也就会相应明确,运营期限也顺理成章约定。在园区PPP类项目中,一般约定俗成的规定是,运营期=政府财政补助期。合作期、建设期和运营期,这三个数值之间密切相关,建设期和运营期之间一增一减,相互影响。在实际执行过程中,建设期是最难预测也是变数最大的一个因素,且不说相当多的项目涉及征地拆迁等"雷区",还有不可预知的各类应急性临时停工。更有一些项目,涉及占用基本农田、林地甚至省级政府都无权审批的事项,这都有理论上无限期推迟项目建设的可能性。而一旦合同约定了明确的建设期,且没有对应免责条款,地方政府可能就会拒绝或延期支付购买服务费和运营服务费。不管是拒绝支付还是延期支付,都会对项目公司现金流产生巨大影响,其风险不可低估。

如何应对这个风险呢？第一,如果不能确定项合同条款对己方有利,至少要把合同条款设置为弹性条款。比如,可在建设期前,设置一个项目建设预备期。建设期宽备窄用,但预备期可长可短,等万事俱备只欠东风的时候,再明确约定建设期。第二,要高度关注合同中出现的每一个"数字"。园区 PPP 项目所有的风险,最后都会变成法律风险。而大部分法律风险是从"数字"开始的。对合同数字要仔细推敲,严密论证,前后对比,防止出现数字"雷"。

二、关于整体打包,分期建设,一次性验收

园区项目合作范围广、内容多、周期长,但采用"园区＋PPP"的合作模式,能够把政府从既当裁判员又当运动员中解放出来,让政府回归本位。政府在经济发展中,负责提供要素保障,营造良好的发展环境,打造新型政商关系即可。

园区 PPP 项目,约定整体打包、分期建设、一次性竣工验收为什么有风险呢？与上述第一条风险提示有关联,项目合作内容打包化,确实减轻了政府提供公共产品的负担(我们将产业园区

视为一种公共产品），PPP模式中政企双方将风险和责任分配均衡，一方责任降低，风险震荡，另一方则相应增加了履约责任。实践中约定期限内，能够按期、按质、按量完成建设，具备一次性验收条件的园区微乎其微。除了建设本身的原因外，绝大多数园区不能按时完工的理由是产业需求侧变化导致。在园区建设过程中，园区产业和入园企业对空间载体的需求发生变化。需求侧发生变化，供给侧相关规划和设计指标就要同步调整。每一次调整都会对建设周期造成一次延误，当然每一次调整都更贴近产业实际需求。

对此，是否就应束手无策呢？建议在合同内容中，可以采用"切香肠"的方式。可按照成熟一个、交付一个、验收一个的办法，分期验收、分期交付，不搞捆绑约束，适当缓冲风险。有个前提条件，分期验收空间界面要清晰、内容要明确，有可独立验收的空间单元。

三、关于验收时点的确定

园区PPP项目实施过程中，排除了建设期固化的风险、一次性竣工验收的风险，与之相关、容易忽略的还有关于验收的风险。园区投资占比最大的主要还是基建部分，由基建引发的风险是风险体系的重要组成部分。建设周期的时间起点一般以监理工程师发出的开工令为准，竣工验收的时间约定如果不能锁定，也等于是顺延了项目建设周期。时间就是金钱，所有关于时间的事情,也都会或早或迟、或多或少地影响项目收益。为此,我们就以开工令发出的时间为起点,若建设期为两年(即 24 个月),则就把验收时间定为 $24+n$。n 就是竣工验收的最后期限,这就避免了某一方无故推迟验收的风险。或在合同中约定,在建设期结束具备验收条件后的多少天内(一般最长为 90 天)须完成项目竣工验收。超过约定期限的,则自动视为验收合格。

四、关于购买服务费支付

购买服务费支付隐藏的风险主要来源于支付方式、政府付费时间节点两个方面的确定。关于支付方式,是选择等额本金,还是选择等额本息,除了要考虑项目贷款还本付息外,还应考虑园区项目全生命周期资金收益平衡。等额本息支付的特点是每期支付数额相等,利息增加而导致付费总额会增加;等额本金支付的特点是前期付费金额高并逐期减小,同时相较等额本息方式,利息支出减小而使得付费总额减少。园区 PPP 项目中,绝大多数选取的是等额本息的支付方式,主要原因是地方政府不希望在其任期内财政支付压力过大,能在力所能及的范围内实现均衡支付,也避免支出大起大落,而等额本息支付方式符合政府财政平滑支出、付费压力较小的特征选择。

购买服务费支付的时间节点,关乎项目贷款能否按期偿还,其最核心也最易被忽略的是第一次付费节点的确认。显然,园区 PPP 模式对社会资本方来说,政府当期付费比例越高越好、付费时点越早越好。对政府方来说,运营期付费时会对社会资本方设置相应考核指标及不同类型的前提条件,如建设质量、产业落地率、产出达标率等。虽然园区 PPP 项目可用性服务费和运营服务费支付纳入地方政府预算,并经同级人大审议批准,受到预算法保护,但实际执行过程仍然会变形走样。以经验判断,若没有专人负责向政府催款,地方政府很少会主动付费的。这种风险如影随形,不同地方政府的履约能力不同、诚信度不同,风险等级也不同。为到期足额获得政府付费,建议项目公司(SPV)应抽调专人负责收集前期各类手续,尽可能减少付费风险。对于第一次付费节点的确认,两个思路,殊途而同归,但都应以项目贷款还本付息时间节点相吻合,一是按照建设期 + n 的方式来确定,即以建设期为基准,再加顺延天数的办法来确定首次付费时间;二是在运营期第一年,选取某一确定时点来固定。

五、关于利息确认的风险

一般是指建设期利息。不同的计息基数、计息方式对项目收益有显而易见的影响。常见的约定方式有以下几种:

(1) 计息基数按建安费的一半计,利息成本按照银行批复的贷款利率计;

(2) 计息基数以建设期内社会资本方实际投入的资金为准,以项目公司收到的资金为基准日,利息成本按照投标时的投资回报率计;

（3）计息基数以建设期内社会资本方实际投入的资金为准，利息成本按银行批复的贷款利率计；

（4）建设期利息不计息。

这些不同约定方式，事关社会资本方投入的项目资本金的投资回报、利差的获得等，需要精打细算，多方博弈。

六、中期调价机制

园区 PPP 项目因运营周期长，为抵消因物价等因素带来的运营成本增加，保障社会资本方的合理收益，一般会约定在运营期内 3 到 5 年为一周期进行合理调价，关键指标涉及银行基准利率、使用者付费价格等。

银行基准利率的调整，在合同表述中隐藏的风险就在于一字之差，如"中期价格调整时，社会资本方的中标利率与央行同期基准利率同比例调整"，还是"中期价格调整时，社会资本方的中标利率与央行同期基准利率同比率调整"呢？"同比例"或"同比率"，一字之差，失之毫厘，差以千里。西方有句谚语：魔鬼藏在细节处。因为，社会资本方中标利率的基数一般在年化 6.5% 左右，而央行同期基准利率一般在 4.9% 左右，基数不同，"同比例"和"同比率"的结果也就大不同。

为了便于计算政府年度缺口性补助的金额，咨询机构会设定一个物业和租金价格模拟使用者付费。一般来说，咨询机构由政府方聘请并支付费用，所谓屁股决定脑袋，在总投资一定的情况下,为尽可能减少政府方付费额度,咨询机构会想方设法增加使用者付费金额,其常用方法就是提高物业收益和租金价格水平。为规避市场化风险,在正式合同中对相关价格要进行条款补充,即:"相关价格为暂定价,不得作为项目公司确认收益的最终依据。相关价格的认定,按照市场化原则,由地方政府、园区代表企业和项目公司三方共同认定。"

中期调价机制本质上是一种风险对冲工具,是风险补偿办法,对政企双方来说都是一种避险工具,这就意味着其结果未必都会对社会资本方有利。

七、股权退出

PPP模式本质上是一种长期大额投资行为,项目收益因此具有长期性,且投资回收周期长,容易使资本金形成大量沉淀,早期集中投资不能实现快进快出,降低了资金使用效率,增加了投资风险,这就有了股权退出的风险控制管理要求。

股权如何实现提前退出?资产证券化是现实情况下的优先选择。PPP模式资产证券化的核心条件首先是项目合法合规,手续完整,政企双方合作良好,各参与方合作顺畅;其次是项目工程质量良好,项目履约能力强,后期运营收益稳定;再次是项目已经建成并有效运营2年以上,能够有比较持续稳定的现金流收益;最后是原始权益人(指项目的社会资本方)内控机制健全,信用稳健,近3年内无不良信用记录等。PPP项目资产证券化主要产品有债务证券化(ABS)和资产支持票据(ABN)。目前,华夏幸福、上海龙元等优质社会资本方均受益于此。

股权退出的另一种方式是股权转让。股权转让的风险主要是因项目实施方案、招标文件、PPP合同以及合资公司章程等前后不一致所导致。项目中标后期若想通过股权转让引进新股东方式进行风险缓释,就必须将所有核心文件的约束条款保持前后一致,如在实施方案中就可以提前预留"口子",即项目招标落地并组建合资公司后,可以引进新股东,且在后续一连串的相关程序性文件中都有类似表述,对引入新股东的背景和资质等约束性指标要求也应前后一致。

股权转让协议内容涉及股权转让条件、转让比例和转让时间等核心问题。转让条件主要是对拟引入新股东的要求,转让比例主要是以转让后不改变原始股东方第一大股东的地位为原则。而对于股权转让时间来说,政企双方存有一定分歧,如政府方认为股权转让不能发生在建设期,但可以在项目运营期内完成,最早可以在运营期前三年内实现;但社会资本方为了减少资本金出资压力,则坚持认为要在项目公司成立后即可启动转让程序。为避免股权转让风险,园区PPP项目中政企双方应就转让条件进行完整的制度性安排,各个端口均保持一致。若股权转让不妥当,合资公司中股东方权责利不清晰,将为后期的项目绩效评价埋下隐患。此外,如果股权转让不严谨,也可能让有关竞争者举报,认为项目前期招标有漏洞,有排他性招标的嫌疑。

八、绩效评价

PPP 项目都涉及绩效评价，绩效评价结果对政企双方都有约束力，同时对项目全生命周期的盈利水平也有重要影响。目前财政部、国家发改委以及地方各级政府，都没有出台园区 PPP 绩效评估指南。目前大多数园区 PPP 项目仅对基础运维进行绩效评价，对产业层面的绩效评价鲜有涉及。实际上，产业层面绩效评价则更为关键，其权重分配占比宜超过 50%，但也不宜过大。

产业层面绩效评价的核心是对园区产业发展的成果进行考核评价，考核指标宜根据园区不同发展阶段进行科学合理设置，如园区培育期、成熟期、发展期等不同阶段的考核指标应有所侧重。一级考核指标常有：年度资产预售率、固定资产投资总额、税收贡献度、创新驱动力（高新技术企业评定数量、专利获取数等），其他还可能包括招才引智成果，国家级、省级创新平台签约落地成效，吸纳劳动力就业数，园区基金设立规模等。在产业发展的一级考核指标体系中，不同类型的指标所占权重也应不同。有些地方政府看重税收贡献度，在核心考核指标中重点对税收贡献进行考核，单一税收权重就超过 50%，这样的考核指标体系设置有失合理性。

综上所述，不一样的绩效考核就对社会资本方或园区运营商产生了不一样的风险，其风险主要来源于以下几个层面：一是考核内容和标准，以及相关指标体系设置和分值权重设置是否科学合理;二是谁来考核,是政府方主导,还是有政企双方共同聘请第三方考核;三是考核结果与政府付费比例挂钩,即考核影响项目最终收益。

园区PPP是推动区域经济发展的助推器,但不是包打天下的万能药。园区PPP不可能解决经济发展中的所有问题,绩效考核的目的是让社会资本方或园区运营商戴着镣铐跳舞,不能成为压垮骆驼的一根稻草!

九、可行性缺口补助支付

所有PPP项目包括园区PPP项目中涉及政府付费或可行性缺口补助的,都需经有关部门审批通过并形成决议。一般程序是,由政府财政部门起草报告(含年度财政预算和中长期财政规划两部分内容),该报告在经政府同意后报送有关部门,由有关部门审批通过,形成具有法律约束力的决议。

但是,实践中虽然有了具有法律约束力的年度财政预算和中长期财政规划,在法律层面保障了PPP项目政府付费或可行性缺口补助的可及性,但由于PPP项目一般合作周期较长,不可预见风险因素较多,一旦政府遇到财政支付困难,政府付费或可行性缺口补助支付就很难得到有效保障,社会资本方因此要承担银行融资的还本付息的兜底责任。

十、股权比例调整

PPP项目中合资公司股权的调整是个敏感话题，凡是涉及政府方股权调整的，责任分担、利润分配以及风险分配等都将会得到相应调整。与此同时，政府方的年度支出责任也将发生变化。因为政府方的出资不管是纳入政府性基金预算还是一般公共预算支出，年度支出金额都将随之发生调整。

财政部明确要求，地方政府所有PPP项目的支出额度，不得超过其一般公共预算支出额的10%。一般公共预算支出额度的增加，必然挤占其他项目PPP的支出额度。因此，除非项目有特别约定，项目公司股权调整不论是实操程序还是法律层面，都存有不少困难。一般情况下，地方政府也会把股权调整事宜列为不可磋商条款。

十一、前期费用

眼下有不少PPP项目都是打包类项目，甚至有些项目"饺子皮很大，饺子馅不足"。有些政府方为了省事，把项目有关的征地拆迁、环评可研、咨询服务、招标代理、规划设计、地勘等，五花八门，一股脑儿全都打包到项目里。这就必然造成：一是项目融资难度加大，盈利能力不足。前期费用本身没有盈利点，占比过高必然削弱项目自身的盈利能力，所以很多社会资本方，尤其是央企,基本要求前期费用占总投资的比例不超过10%,特殊情况下也不能超出20%。二是前期费用过多,影响项目进度。前期手续的办理以及有关费用价格的确认等,都不是一朝一夕就能解决的。实际操作中,不少问题在政府部门与社会资本之间相互扯皮,不仅影响双方互信,也实质性地影响项目进度。

前期费用所能覆盖范围,当下业界也没有统一的标准,全靠政企双方谈,政府方希望应纳尽纳,社会资本方则希望能少则少。前期费用的"包"到底能做多大,还真不能一概而论。

十二、可研、立项、总投资一致性问题

一般政府投资类项目,都要经发改委立项批复同意。立项批复同意的前提是基于项目可研,在可研报告的基础上做出立项批复同意与否的决定。有些项目在正式立项批复前,需要项目建议书进行预立项。

可研、立项以及项目总投资之间为什么要保持一致性?如果不一致对园区PPP项目会有什么样的风险?我们常说的投资估算、投资概算、预算、决算等都与项目总投资的概念相关,只不过是它们在不同项目阶段,在不同测算精度条件下而衍生出的对项目总投资概念的不同定义罢了。一般情况下,投资估算、投资概算、预算、决算等指标数值的精度越来越高,在项目立项决策的过程中,要求总投资保持一致性,就是要求总投资指标测算要科学合理、合乎规范要求。项目融资阶段,金融机构会在启动项目贷

款审批流程前,对项目的基础资料进行分析,如果可研、立项的总投资数额偏差太大(一般控制在 20% 以内),金融机构会要求项目重新立项,导致项目融资进度大大延迟。项目融资落地是环环相扣的过程,一个环节跟不上,就会出现多米诺骨牌效应,后续很多程序都会掉挡。所以,要保持核心数据的严谨性和一致性,是实现项目快速融资的前提。因此,我们把这一项也纳入项目风险管理控制范畴,作为隐性风险进行管理。

十三、准经营性项目

园区 PPP 项目属于准经营性项目,项目收益主要来源一是基于政府信用的可行性缺口补助资金,二是来源于使用者付费收入。项目总投资资金来源一般不低于 20% 的项目资本金,剩余部分一般靠银行项目贷款。以一个总投资 10 亿元的项目为例,项目资本金 2 亿元,项目贷款需要银行配资 8 亿元。若项目使用者付费收入占比在前期测算中超过项目总收入 40%,那么政府付费比例为 60%,如此就会出现银行项目贷款风险敞口问题,即银行贷款基于政府信用,而政府付费与银行配资之间有 20% 的缺口,若后期项目实际使用者付费收入无法弥补的话,银行就会要求社会资本方就这种风险敞口提供差额补足义务,并为此提供相应的担保。此外,准经营性项目,银行可能还要对使用者付费部分,要求社会资本方承担流动性补足义务。这无疑会增加社会资本方的或有负债。所以,对于准经营性项目而言,政府付费比例越高越好,至少能够覆盖银行项目贷款额度,否则不仅会增加项目融资的难度和成本,也会增加社会资本方融资负担。

十四、社会资本集中投资与集中还款导致的现金流问题

这是园区 PPP 项目发展所涉及的技术性风险。在财政部要求社会资本以自有资金缴纳项目资本金,不得明股实债,加之资管新政带来的资金监管压力,"退潮之后的裸泳"成了大多数社会资本面临的现状。不可回避的事实是,园区 PPP 项目对社会资本方短期集中投资的压力,与项目自身长期性收益的周期错配,必然带来现金流不足。

以一个 10 亿元的项目为例。项目资本金需要 2 亿元,社会资本方占股 75%,政府方持股 25%,即社会资本方短期出资需要 1.5 亿元。项目建设期 3 年,运营期 12 年。也就是说项目合作进入第四年(即运营期第一年末)才有收益,即使是项目属于全额政府付费类,且政府付费方式一般为等额本息还款,项目公司第四年末的收入约 1.2 亿元(含本息两部分)。而在同期,项目公司还要偿还银行本息约 1 亿元,项目公司除去运营管理成本,账面结余资金十分有限。

通过一个简单测算,就能看出社会资本方在 PPP 项目中的资金周转压力。若社会资本方同期投资若干个 PPP 项目,则短期累积出资的风险更会几何级增长。如果社会资本方投资的是

园区PPP类项目,那么项目收益来源中使用者付费比例将高达20%以上,简单理解就是社会资本方还要承担20%以上的市场风险。且政府年度可行性缺口性补助的30%还要与绩效考核进行挂钩,项目公司的现金流存在巨大的不确定性,如何做好现金流量管理既是技术问题,也是战略问题。

十五、土地转让

PPP模式下,社会资本方会要求园区土地使用权在合资公司名下,以便项目公司完整拥有园区资产所有权。园区土地转让主要有两种途径,第一种是待项目公司成立后,由项目公司直接通过招拍挂拿地;第二种是先由城投公司拿地,待项目公司成立后,再通过协议转让或作价入股方式转让给项目公司。两种途径在实操中各有利弊,尤其要注意第二种情况下的土地再次转让需要评估,评估就会增加时间和成本,以及转让土地不动产,产权受让人需要缴纳契税,又要增加一次成本的问题,同时还要留意现行政策规定投资方完成总投资的25%才能转让的政策要求。

十六、规划设计风险

园区PPP项目社会资本方的职责会由合资公司承继,合资公司将承担项目的规划、设计、投资、建设、招商、运营和移交职能。而项目的规划设计是牵一发而动全身的系统性工作,可能会伴随项目的全生命周期。虽然规划设计费用一般占项目总投资的比例不高，但规划设计工作对项目后期招商运营会起到不经意的"蝴蝶效应"，由规划设计不慎、不严所掀起的惊涛骇浪在实践中并不少见。

规划设计应服从、服务于产业策划，在园区产业定位的框架指导和约束下进行产业园区空间载体设计。但特定企业对厂房物理空间、荷载及相关配套的需求是具化的，前期规划设计未必能满足后期招商意向落地企业的需求，这就造成两种结果：

一是费用增加。不满足入园企业需求，就要进行更新改造，改造就会支出增加。增加的费用能否纳入项目总投资，地方政府可能不一定会认账，容易造成扯皮。地方政府认为这部分费用是由项目公司自身原因导致的，地方政府不应为这部分费用买单。

二是招商延误。规划设计调整可能不是一时半会儿能够完成的，入园企业对空间载体的需要是迫在眉睫的，设计调整可能会导致入园企业外流。企业外流将自然而然地降低入园企业年度租售率的指标，可能会影响招商运营绩效指标的考核。

不得不承认，规划设计工作是一门永远带有遗憾的艺术。最好的规划设计只会出现在下一个项目中，所以规划设计的风险无法排除。

同时，产业自身的发展变化对产业园区空间载体的需求也会与时俱进，所以规划设计工作要与产业发展与时俱进、同频共振，宁愿"留白"也不要"留憾"，对未来产业发展抱有应有的敬畏之心。

十七、可逆条款(可磋商条款)

PPP项目的风险是动态的,在PPP项目全生命周期的合作中,虽然政企双方合作姿态相互平等,但实际上社会资本方处于弱势地位。政府方处于主导地位的态势在任何地方、任何项目上,都不会发生根本逆转。因为,项目的主导权、规则制定权甚至自由裁量权基本都掌握在政府手里。因此,风险将伴随项目合作始终,既然无法排除,那就坦然接受。当然接受也不是无条件的,更不是消极被动的。有一条建议对社会资本方来说,应该是颠扑不破的"真理",那就是若不能确定合同条款对社会资本方有利,就把条款设定为弹性条款、可磋商条款,既为双方可能出现的争议预留一个"活口",又不要把话说绝、不留余地。

第三节 融资风险

融资风险是园区PPP较早显现的风险种类之一。融资不解决,项目风险会接二连三出现。

为什么园区PPP项目的融资风险大,原因有以下几个方面:

第一,PPP项目本质上是项目融资,是基于项目自身的现金流实现融资,不是一般意义上的企业融资。这与企业在融资结构设计、担保增信措施等方面有着根本不同。

第二，所有的园区PPP项目，政府和社会资本方都会成立一个项目公司(SPV)，以项目公司作为融资主体实现融资，但所有金融机构都会对项目公司的融资设置追索权，即项目公司的控股股东要为融资提供相应的担保。PPP是个新名词，金融机构并没有及时开发相应的金融产品。虽然央企和国企在PPP项目中，可以做到"三不"，即不承诺、不兜底、不担保，但绝大多数民营社会资本做不到，胳膊拗不过大腿，为了项目资金需求这一主要矛盾，民营类社会资本方还是愿意承担追索责任。同时，刚成立的项目公司(SPV)是典型的四无公司，即无业绩、无资质、无资源、无现金流。在现行金融政策环境下，项目公司融资的可及性难度非同一般。

第三，融资的技术性问题对园区PPP项目的融资造成很大困扰。项目公司股东至少两个，一个是代表政府出资的平台公司，另外一个是中标的社会资本方。在融资合规性及完备性手续方面费时费力，仅各类融资基础材料的完善就需时日。如果资料缺失，就需要程序性弥补，那么时间更不可控。因为，平台公司和社会资本方的股东可能发生变更，人齐马不齐，但是融资上会审批手续是"缺一不可"，有些资料是必备件，不能将就，也不能后补。

此外，融资环境受国家金融政策和市场环境的影响。大环境好，政策宽松，审批条件不严苛，可能顺利通过授信审批。反之，错了一次机会，往往就错过了一个时代。几经起伏跌宕的市场行情，为整个园区PPP融资环境带来重大冲击，大大增加了融资的不确定性。据统计，现在财政部入库的18万亿元的PPP项目中，顺风顺水的项目屈指可数，即顺利招标、顺利融资、顺利开工建设、顺利运营类的项目，这类项目不到总数的5%。园区PPP的融资风险系数等级偏高。

园区PPP作为金融投资产品的市场热度、社会关注度也在降低。不过，园区PPP是产业链金融的天然素材，在新金融领域大有机会。

第四节 招商风险

园区招商风险有人为因素，也有政策因素。招商风险有源头风险，也有过程风险。总体来看，风险主要来自以下几个方面：

第一，产业定位不准、定位门槛虚高。左脚穿着右脚鞋，错打错处来。产业定位不准，要么拔苗助长，调高胃口，要么滥竽充数，华而不实。违背园区和产业发展规律，种瓜得豆，产业发展"规划"反成"笑话"。

第二，招商资源欠缺，招商方式保守。招与不招，项目就在那里。互联网时代，信息与土地、资本、技术、人才一样成为不可缺少的生产要素，不能有效利用信息化手段链接资源，就如同开车不开导航仪。招商方式保守是"因"，项目资源欠缺是"果"，练就不了招商落地的"六脉神剑",招商风险就始终存在。毋庸置疑,政府招商是主流渠道,近几年政企协同招商模式正日渐兴起。政府有形之手和市场无形之手的有效结合,能有效堵住招商风险的漏洞。企业招商与政府招商是协同互补关系,绝非替代关系。政企协同,优势互补,既能弥补政府招商的短板,提升政府招商的竞争力,又能发挥市场化招商机制灵活、渠道多元、联系广泛的比较优势。创新招商的打法、战法,摆脱对传统单打独斗招商方式的路径依赖。比如,不少地方通过设立"飞地孵化器",建立起远程研发、异地孵化、本地加速的产业培育和招商方式,发挥市场化力量,抓住创新牛鼻子,从创新策源地的源头招商,从"产房里孵化项目",最大限度减少招商项目的不确定性风险。

第三,招商的系统性风险。若国际国内宏观环境好,企业投资意愿强烈,产业处于扩张期,招商成功概率就高。若大环境不佳、市场动荡,需求疲软,产业处于收缩期,企业投资意愿不强,招商难度必然加大。比如2008年美国次贷危机引发的全球性金融危机,造成全球范围的经济增长放缓,产业转移迟滞,涟漪效应依次展现。

招商中还有一项隐性风险是能耗和环评风险。项目虽好,如果能耗太高,过不了能评关,能否落地仍存悬念。绿水青山就是金山银山,环评也是硬杠杠,环评不过关,再大再好的项目都要被一票否决。采用绿色工艺、低碳制造,发展循环产业、静脉产业是大势所趋,不与趋势为敌,是招商人应牢固竖立的风险意识。

第五节　运营风险

园区运营风险是个风险大类。PPP模式下运营风险直接影响绩效评价和政府付费金额，自然就会影响项目公司（SPV）的现金流。非PPP模式下园区运营的风险是产出不达标，运营不能创造价值和增量。

风险与收益是一对孪生体，二者密切相关、如影随形。如果运营不能创造流量、增量，收益就无从谈起。园区运营不是"我有"，而要"我能"。园区运营的收益主要来源于物业服务收益、资产租售收益、增量分享收益、投资收益及其他专项奖补收益等几个方面。大多数园区运营商一般将物业服务外包，通过中间商赚差价获取收益。前提是园区企业入住率和物业服务品质较高，物业服务商有利可图。若园区空有其名，只有林子没有鸟，只有载体无内容，"一栋院子、几栋厂房、一个保安、一条狗"就是一个园区，那么园区运营就成了"无源之水、无本之木"。此种情形，园区运营风险就会陡然增加。同时，如果没有企业入园，资产不能去化，园区资产租售收益也就成了一句空话。运营增量分享主要来源于地方政府对运营增量贡献的奖补。比如约定合作期内，园区亩均税收达到一定标准，超出部分政府对运营商进行梯度奖励，贡献越大、收益越高。没有高质量的运营，就没有高价值的回报。

投资收益主要来自以股权为核心的投资回报,园区运营商通过设立产业基金和资金池,为入园企业提供短期资金拆借、小额贷款、财务代账、风险投资、股权投资在内的增值服务。这种收益来源具有不确定性,风险等级也较高。

园区运营质量不高,不能为入园企业赋能,"产业候鸟"现象也不可避免出现。如果招来的企业不能在园区扎根,"自家的鸡到别人家的窝里下蛋",肯定会冲淡园区盈利能力。园区运营商需要提高警惕,采取预防性措施,与政府联手,进行必要的引导和干预。

安全生产是园区运营风险的重点领域,尤其是化工、冶金、制造类园区尤为突出。安全生产应做到警钟长鸣、万无一失,但安全事故的发生也是"一失万无"。不管园区运营主体是政府或是企业,应将安全生产列入运营风险的常态化管理机制,通过设立安全生产专员、警示教育、智慧巡检、信息化手段等多种方式予以应对。针尖大的窟窿漏过斗大的风,安全生产的重要性怎么强调都不为过,应尽最大可能减少此类风险发生的频率和等级。

总之,园区运营风险具有隐蔽性和突发性的特征,为有效应对园区运营风险,园区运营商要有"叶摇草动知鹿去,松风一起知虎来"的警觉性和预见性,有"一叶色变而知秋至"的敏锐性,见微知著,先知先觉,防患于未然。当然,根本之策还在于能提高入园企业的满意度、获得感和安全感,让园区从价值洼地成为创业高地、发展福地。

第九章　园区品牌营销

　　通过标题就能看出,本章内容是"园区＋品牌＋营销"三位一体的集萃。编排在园区选址类型、园区招商等前八章内容之后,放在园区运营绩效考核最后一章之前,是起承转合、承前启后的一章。因此,本章兼有铺陈叙述和概括总结的双重目的。

　　至此,细心的读者会发现,本书并没有就"园区"给出明确的定义。主要原因有二:其一,如果没有基本知识和常识做铺垫,贸然对园区下定义、出结论,未必对理解产业园区的内涵和实质有真正的作用。其二,严格意义上,产业园区并没有甚至不需要明确的定义,只有接近于真相的"答案"。如果非给产业园区定义,可否定义为:产业园区应是以物理空间为载体,以产业为核心,以资本为助力,以运营为依托,集产业集聚和多种功能融合于一体的产业综合体。

　　这里,我们对常见的园区种类和主流的合作模式进一步分析,不仅有助于加深对产业园区的理解,也能洞察园区未来的演变趋势。产业园区种类不同、合作模式各异,相应的实施主体、营销方案、风险分配、收益来源等也各有不同。

第一节 园区类别

日常生活中，我们常听到工业地产、商业地产、住宅地产等概念，这是从地产的角度把园区做了归类。显然，产业园区属于工业地产的大类。从产业梯次上，可以把产业园区分为农业产业园、工业产业园和现代服务业产业园。农业产业园并不是纯粹只做农业，而是以农业为主题、农场为背景，建设具有"生态农业展示＋绿色养殖＋旅游观光＋农事体验＋研学教育"等多功能于一体的综合性农业旅游示范区，名称上一般都冠以"＿＿＿＿＿现代农业示范园"或"＿＿＿＿＿现代农业科技园"的称谓。

现代服务业尤其是生产性服务类产业园区在一线城市或省会城市较为聚集，这类园区既是资本密集型，又是人才密集型、科技密集型，离开一定的土壤难以存活。比如广告创意产业园、软件产业园、电子商务产业园、动漫产业园、人力资源产业园、物流产业园、数字经济与知识产权产业园等都属于现代服务业产业园。现代服务业产业园中，总部经济（有时候又被称为"楼宇经济"）是一个独特的存在，特指以一定的税收优惠政策为牵引，通过引入域外公司在当地注册分公司、子公司缴纳税收（一般不引入生产环节），地方政府在本级税收留存部分再按一定比例予以返还的合作方式。

以制造业代表的工业产业园是种类和数量最多的一类园区，比如化工产业园、电子信息产业园、智能制造产业园、生物医药产业园、医疗器械产业园等。这类园区也是地方政府投资较大、关注度较高的一个领域。除此之外，还有一类投资实施主体界定的园区：大学科技园。比如清华科技园、复旦科技园等。大学科技园是科技创新的重要平台，也是产学研深度融合和纵深推进的准市场化平台。工业产业园区可大可小，规模较小的园区大多位于国家级、省级开发区内，根据开发区主体功能分区，按照"一区多园"的"园中园"形式存在。

需要指出的是，随着制造业从生产型制造到服务型制造的转变，2.5产业开始兴起。所谓2.5产业，指介于第二产业和第三产业之间的产业，既有研发、设计、营销、贸易、投融资等生产性服务业，又有产品生产环节的制造业。2.5产业是制造业的自我革新，需用知识和服务重新定义制造。园区发展进入工业4.0时代，新产业、新业态层出不穷，产业融合化带来园区复合化。复合化的园区，使得园区类别之间的界限越来越模糊。上海、苏州、青岛等地都有2.5产业园，其类别归属还真不易界定。

最后，有一种园区美其名曰"双创"产业园，近几年如雨后春笋般冒出。如何归类，笔者琢磨半天还不得其解。

第二节　园　区　模　式

按照投资方式，可以将园区简单分为轻资产模式、重资产模式和轻重结合的三种模式。轻资产模式简单概况就是只出人出力不出钱，从政府或其他资产持有人手中依据委托运营协议的约定，对标的园区进行托管运营，并根据运营成效进行收益分享。重资产模式就是以园区为投资标的，对园区土地、建设等进行投资，直接介入园区资产所有权。企业选择重资产模式，尤其是大型投资企业，比如武汉东湖高科、上海张江高科、上海临港集团、中关村发展集团、招商蛇口等，一般会采取自我投（募）资、自行建设、自主运营的方式。轻重结合的模式是介于轻、重之间的第三种方式，属于半轻半重。具体合作采用联合体方式，以股权为纽带，根据合作方职责分工，以共同投资、联合运营的合作方式参与园区开发建设。

按照合作方式，可以将园区分为政府主导型、企业主导型和政企合作型（PPP）三种模式。园区作为一种特殊的公共产品，早期发展阶段，基本都是政府主导型或异地政府合作主导型。政府主导型园区优点很突出、缺点很致命，投建是强项，运营是弱项。政府善于"生"，不善于"养"。企业主导型园区又以地方国企、龙头制造业、大型房企和建筑公司为主要玩家。比如合肥工投是安徽省会合肥市的市属平台公司，投、建、运一体化，在合肥周边布局了大大小小十几个产业园，地方国企的优势在于拥有政府背景的信用背书、金融机构的加持和区域内产业资源转移的配置能力。龙头制造业转型做园区具有天然优势，比如正威国际、中兴通讯、京东方、比亚迪汽车、联想集团、格力电器等。这些企业自身具有强大的制造能力，产业环节多、产业链条长，对上下游企业具有强吸附能力，一个大项目落地就是一个园区。从大型房企和建筑集团转型做园区的案例也很多，华夏幸福、联东U股、中南高科、万洋集团等，虽然房企和建筑公司有挥之不去的工程基因，但产业园区兼具的地产和工程属性，以其所积累的资本实力和人才储备，在转型产业园区中基本能够"自由换挡"。产业园区模式没有好坏之别，只有"合适与否"。具体三者有何优劣势，请看表9.1。

表 9.1　不同合作方式比较分析

序号	合作方式	优势分析	劣势分析
1	企业主导型	(1) 实施主体为社会投资人，政府支出压力和责任相对小； (2) 模式简单，土地招商，见效较快	(1) 要求投资人具有较强的投融资、建设和招商运营管理能力，一旦资金断链，给政府造成损失（项目烂尾、农民工工资无法兑现等不良影响）； (2) 企业准入门槛低，行业杂，不易形成产业链；投资人重销售、轻运营

续表

序号	合作方式	优势分析	劣势分析
2	政府主导型	(1) 模式成熟,政策风险小。行政审批手续便捷,干预少。 (2) 招商和管理相对统一	(1) 政府平台融资受限,融资难度大; (2) 招商渠道单一,缺乏专业招商团队和产业运营团队,产业培育意识不强,缺乏系统性的园区运营服务体系
3	政企合作型（PPP）	(1) 发挥政企双方在渠道、机制、资源、人才的协同互补优势; (2) 有利于转变政府职能,降低政府支付责任	(1) 协调难度大,政策变化快; (2) 融资难度大,对政府和社会资本均有较高要求

第三节 园 区 品 牌

园区品牌工作以项目为宣传载体、以活动策划为抓手、以视觉体系为传播基础的品牌矩阵,形成有利于园区品牌和招商目标达成的品牌 IP。园区品牌是无声的广告,它会 24 小时不停为园区发声。园区品牌建设主要内容包括三类：企业识别系统（CIS）、品牌基础体系、品牌推广体系。

关于园区品牌有几句话不得不说，第一，园区品牌建设不是一朝一夕、一蹴而就的事情，品牌建设永远在路上；第二，园区品牌是一个系统，有丰富的内涵，绝非只是一个标识；第三，品牌建设需要接续努力，品牌维护更需用心用力，但品牌塌陷就在一瞬间。比如，新近出现的郑州富士康厂（园）区员工外逃事件，让富士康企业的品牌形象一落千丈；第四，品牌建设需要内外兼修，品牌是营销活动结成的硕果，如果营销只是噱头，品牌形象也只会昙花一现。谎言重复百遍也不会成为真理。营销只是品牌打造的必要手段，不能华而不实、过度营销，把"胡椒面当主食"。

一、园区品牌流程管理

园区品牌是动态管理过程，品牌建设伴随园区全生命周期。品牌建设不是品牌管理部一个部门的事情，纵向一条线、横向一大片，需要主管部门牵头，更需要相关部门共同参与，全过程参与。按照园区落地业务流程，在不同阶段对品牌接触点的体验，可以分为框架协议、土地摘牌、项目建设、招商运营四个阶段，不同阶段相应的品牌管理职责分工也不尽相同。

园区项目早期阶段，运营机构对各个责任主体职责划分表，以明确责任分工，具体可参见表9.2。

表 9.2　框架协议阶段园区部门品牌理职责分工表

部门＼环节	项目投拓	规划设计	投资融资	施工建设	产业招商	园区运营
品牌管理部					◉	
规划设计部	◉	●				
项目投拓部	●					
产业研究部	◉	◉				
园区运营部	○					○
招商服务部					●	

（框架协议阶段）

图示说明：● 主要责任部门　◉ 主要配合部门　○ 参与部门

二、园区品牌谱系

每个园区都应打造自己的品牌 IP，通过园区自身和入园企业共同烘托其品牌形象，品牌外延和内涵需同时培育。园区品牌的打造要以实物形式和非实物形式相结合，久久为功、绵绵用力，同步育魂铸核，最终形成独特的园区品牌资产和品牌谱系。具体内容构成如表 9.3 所示。

表 9.3 园区品牌宣传基本构成体系

序号	模块	序号	工作事项	内容明细	输出成果	备注
1	园区品牌	1	园区"三件套"	展馆、视频和宣传册	《"三件套"实施细则》	
		2	园区围挡	制定园区户外围挡内容	《围挡标准化方案》	
		3	园区展厅	根据展厅设计布展厅、VI（视觉识别系统）方案	《展馆内容标准化方案》	
		4	户外广告	制定户外广告投放点选择、投放设计及广告预算	《户外广告投放实施细则》	
		5	软文营销	撰写行业软文	《软文营销实施细则》	
		6	活动营销	制定品牌活动实施流程	《品牌活动策划标准化实施细则》	
2	企业品牌	7	品牌资产	品牌商标注册、保护和宣传	《品牌资产管理办法》	
		8	舆情管理	增强企业危机意识、提高企业品牌危机管理能力	《舆情与危机公关》	
		9	城市展厅	城市展厅布局标准化、整体VI标准及宣传标语	《城市展厅标准化》	
		10	新媒体	新媒体运营、栏目化运营、原创栏目新媒体运营管理办法	《新媒体运营》	

第四节 园区营销活动

一、软文营销

软文营销具有影响范围广、受众针对性强、可多次传播等优势，对行业发展具有一定的导向作用。通过软文营销，可增强企业品牌知名度与美誉度，有效输出企业创新商业模式，为企业运营推广营造良好舆论环境。

1. 软文发布频率

软文发布一般没有固定的发布频率要求，每月提报选题素材1篇，可根据情况每季度发布1~2篇，每篇稿件不低于500字，每篇稿件媒体发布和转载应不少于20家。

2. 软文写作技巧

第一，写作语言通俗精炼、思想表达明确有力。拒绝华丽辞藻与连篇累牍的描述。例如：

中国式PPP历经四年多的发展，已到了"激浊扬清"的阶段，"走量"的上半场已经结束，在政策管控和治理下，经过规范调整，"走心"的下半场将迎来内容和运营的比拼。在新的较量中，运营和创新将成为企业重塑竞争力的筹码。

第二，善于运用与行业领先企业作对比的写作手法。通过一定方式组合在一起进行对照比较,使本企业品牌更加鲜明,优势更加突出。

第三,借力于人,多角度表达观点。通过采访政府决策者、专家学者、入园企业等各方人士,制造增信场景,凸显园区优势。

第四,以园区有影响力的大活动、大事件为切入口,结合热点话题,开展针对性营销。

二、卖点营销

20世纪70年代,美国著名营销专家艾·里斯(Al Ries)与杰克·特劳特(Jack Trout)提出定位理论。里斯和特劳特认为,定位要从一个产品开始,这个产品可能是一种商品、一项服务、一个机构甚至是一个人,也许就是你自己。但是定位不是你对产品要做的事,定位是你对预期客户要做的事。换句话说,你要在预期客户的头脑里给产品定位,确保产品在预期客户心智中占据一个独特而又真正有价值的地位。

定位理论的核心原理是"第一法则",要求企业必须在顾客心智中区隔于竞争,成为某领域的第一或者唯一,以此引领企业经营,赢得更好发展。产品要做到领先性或者唯一性,就要发掘产品的独特卖点,否则就会"泯然于众人"。"学我者昌,似我者亡",齐白石老先生关于艺术追求和创作的这句话,或许是另一种方式的定位提醒吧。

根据定位理论,园区要在潜在客群中找准定位、找到卖点,平凡但不能平庸。所谓卖点营销,无非就是把优点说成是亮点,缺点说成是特点。

根据卖点营销 USP(Unique Selling Proposition)理论,具体的"卖点"选取不一而足。可从区位视角,也可从政策角度或者产业视角。从区位视角,较为成功的当属华夏幸福固安产业新城的卖点选择,点位很准。"固安产业新城:天安门正南50公里。"从政策角度,让合作伙伴浮想联翩、怦然心动的当属杭州梦想小镇。在梦想小镇,一支以"阿里系、浙大系、海归系、浙商系"为代表的创业"新四军"在快速集结,一大批创业服务机构相继落户,一个低成本、全要素、便利化、开放式的综合性创业服务园区初见雏形。为了吸引年轻人入园,梦想小镇直接喊出:"来梦想小镇,我们只需要您带着一颗创意的脑袋。"

三、阵地营销

招商既需要行商,也需要做商。做商不能只凭三寸不烂之舌,需要借助招商工具。园区"四件套"(展馆、视频、招商手册、PPT)是园区营销最直观、形象、有效的传播形式,是园区宣传推广的重要资料,也是招商人员的必备道具。通过对各项目园区"四件套"内容进行标准化规划,统一对外形象、提升园区知名度,实现促招商增运营、助园区发展的目的。

现以园区展厅作为阵地招商工具介绍如下:

（一）目的意义

产业园展厅一般都会从环境、政策扶持、人才信息、产业链完整性等方面，来展示园区优势。全面解读产业的发展历史、格局演变、发展战略和整体规划，形成意向客户对园区的第一印象。根据园区主导产业，展示产业园入驻企业参与研发或制作的产品，或整个产业链上的各环节企业的产品，向受众展示园区产业聚集实力。园区展厅和企业的一样，也需要融入其自身的特色文化、经营理念、社会责任等，让企业与员工可以在这里找到一份归属感与认同感，也向外部展示出园区的和谐发展。

（二）展厅陈设

是园区展厅主体结构完工后，展厅内部各功能板块铺陈摆设的原则要求。

1．前台区

（1）来宾欢迎牌。

（2）项目区位图电子屏：展示项目区域位置。

2．沙盘展示区

（1）项目宣传视频：大屏播放项目宣传视频。

（2）项目沙盘模型：详细展示项目的建筑面积、功能划分、厂房结构等。

3．产业展示区

（1）城市名片：一座城市化的工业文化名片展示城市产业基

础、产业发展进程、产业文化价值等。

（2）产业引擎：该产业园项目产生的根基，图说政府对项目的前期谋划、产业规划、产业定位等。

（3）产业动脉：该产业园项目的运营理念全景解析，详解项目的功能布局、配套服务、智慧园区管理系统、拟入园企业等。

（4）产业未来：产业强国的梦想和情怀，诉说项目的发展目标、发展速度、发展未来以及对当地产业发展、税收增长、人口就业等方面的贡献。

（5）产品观摩（可选项）：产业特色产品展示互动台。

4．品牌展示区

（1）园区投资运营方简介。

（2）项目介绍示意图。

（3）招商成果展示图。

（4）发展战略展望图。

5．办公洽谈区

（1）企业文化理念展示。

（2）影像资料播放：企业视频、PPT等。

（3）营销资料：企业画册、园区招商单页等。

6．送客区

（1）赠送项目手提袋：内放置项目招商手册、厂房结构图等。

（2）《人民日报》数字机：《人民日报》电子阅报栏，循环播放党务、政务。

（3）电子签名：来客签名互动区、机器人礼送客人等。

(三)案例展示

以华夏幸福六安舒城项目为例。这个项目在展厅选址、外观造型、装修风格、内部设计、序厅与主厅衔接、产(样)品展示等方面,都取得了良好的社会反响,也充分发挥了阵地营销的功能。展厅"三个窗口"的品牌传播功能得以实现,即当地社会文化、人文历史和经济发展的展示窗口,入园企业核心产品和服务的展示窗口,园区运营商先进理念和招商成果的展示窗口。

第五节 园区品牌与舆情管理

园区品牌需要精心维护,园区运营的潜在风险无时不在,信息化时代,增强危机意识,做好应急情形下的舆情管理不可或缺。

一、目的意义

第一,增强企业危机意识,提高企业品牌危机管理能力;第二,建立企业危机预警机制,规避风险;第三,提高企业防范风险能力,提高处理危机反应速度,有效解决品牌危机。

二、品牌危机定义

因产品质量、服务质量、施工安全、经营决策、招商销售承诺等因素造成的临时性突发事件,可能对公司的品牌造成重大负面影响或对声誉造成重大损坏的事件,定义为品牌危机。

三、品牌危机分类

品牌危机主要包括企业信誉危机、产品质量危机、服务质量危机、品牌形象危机等4大类(不包括企业经营危机和企业文化危机):

企业信誉危机。指企业自食其言,不能向客户或者社会公众兑现自己的承诺,引发公众强烈不满,政府不信任企业,银行丧失对企业的信贷信心以及策略联盟不提供支持等严重影响企业信誉的重大事件。

产品质量危机。指因产品设计缺陷、工程施工质量达不到国家和当地行业标准要求等方面造成的严重的、大范围的质量投诉、法律纠纷、安全事故(隐患)等重大事件。

服务质量危机。指客户对公司客户服务人员的专业水准、服务效率、服务意识和公司的服务制度等方面不满而引起的投诉、法律纠纷等重大事件。

品牌形象危机。企业品牌形象被他人或竞争对手恶意诋毁、在某区域甚至全国范围内出现大量负面报道等影响企业品牌形象的重大事件。

四、品牌危机管理内容

园区品牌危机管理是从危机预防和危机处理两个方面进行品牌管理的具体举措,是园区品牌管理的重要组成部分,也能增强并唤醒从业者的品牌危机意识。

(一)危机预防

危机预防着眼于未雨绸缪、策划应变,建立危机预警系统,及时捕捉企业危机征兆,及时为各种危机提供切实可行的应对措施。

(二)危机处理

危机处理着眼于对已发生的危机进行处理,力求减少或者扭转危机对品牌的冲击和给企业带来的危害,在处理时,应坚持以下原则:

领导人原则。危机发生后,项目公司领导人或专门指派高层管理人员作为责任人来处理危机事件。

主动性原则。任何危机发生后,都不可回避和被动性应付,而是积极地直面危机,有效控制局势,且不可因急于追究责任而任凭事态发展。

快捷性原则。项目公司对危机的反应必须快捷,无论是对受害者、消费者、社会公众,还是对新闻媒介,都尽可能成为首先到位者,以便迅速、快捷地消除公众对品牌的疑虑。

诚意性原则。保护消费者利益,减少受害者的损失,这是品牌危机处理的第一要义,真心诚意,万万不可只关心企业自身的损失。

真实性原则。危机爆发后,必须主动向公众讲明事实的全部真相,如果遮遮掩掩反而会增加公众的好奇、猜测乃至反感,延长危机影响的时间,增强危机的伤害力,不利于控制局面。

统一性原则。危机处理必须冷静、有序、果断、指挥协调统一、宣传解释统一、行动步骤统一,而不可失控、失序、失真,否则只能造成更大的混乱,使局势恶化。

五、品牌舆情管理

为了有效利用媒介特别是网络媒介的传播力,负责舆情信息的监测、收集和分析,监控舆情动态,引导舆情方向,维护园区及运营机构的品牌形象,并有效地预防危机信息的传播。

六、品牌舆情原则

园区运营商面对品牌舆情时所采取的应对措施,是指导舆情管理的基本原则。

（一）快速反应原则

负面舆论"第一时间发现,第一时间处理,第一时间上报,有效沟通,正确引导",同时,充分利用公司网站微信及媒介平台,多做正确的舆论引导,新闻报道收集必须做到"全面、真实、客观、及时"。品牌危机事件发生后,必须启动专项应急小组,作出事件解决应急方案,明确责任分工,立即实施并上报。

（二）危机公关原则

高度敏感。对可能引发社会及媒介关注的重大事件、对媒介可能涉及公司机密或可能危害公司品牌的采访需求,保持高度警惕,如有发生,立即上报。加强日常监控,发现任何不良的品牌舆论信息须立即上报并及时处理。针对各类重大事件要反应迅速,果断处置,防止危机失控。

处理积极。积极调查判断,积极提出解决方案,积极通过各种渠道将危机在最短时间内化解,防止危机扩大。

"疏""堵"结合。突发事件出现后,通过各种措施干预负面消息的传播,并及时提出媒体预案,积极引导舆论和媒体的导向,针对不同的事件相关主体,采取不同的沟通方式。

行动一致。保证对公众说辞的一致性,减少猜测、消除疑虑;保证处理行动的一致性,强化执行力,维系权威性。

第十章 园区绩效考核

运营绩效考核是对园区运营成效的一次"回头看",也是运营团队的一次自我矫正和工作复盘。"非考核,不运营",园区绩效考核既是对"别人"负责,也是对自己的交代。

运营绩效考核应通过定性评价和定量评价相结合,基础服务和产业服务相结合,自我评价和客户(同行)评价相结合,运营收益与风险承担相结合,短期评价和中长期展望评价相结合,建立科学合理的评价指标体系。

第一节 考核内容

根据考核的重点及范围,园区绩效考核一般分为综合绩效考核和基础运营维护质量绩效考核。综合绩效考核是相对于大运营来说的,考核的范围相对较广,一般包括产业招商发展、园区增值服务发展、园区基础运维,以及组织保障、制度管理、客户关系维护等基础工作;基础运营维护质量绩效考核是相对于小运营来说的,即常说的基础运维,主要内容包括以下几个方面:

(1)"四保服务":① 保安服务:提供全天候的公共秩序维护服务和安全防范服务,主要包括产业园区总体安全环境的管理、对入驻企业的管理、车辆交通及道路管理。② 保洁服务：提供规范的环境保洁服务，为客户提供整洁、卫生、安全、美观的环境，主要包括对厂房生产区、研发办公区、生活服务区、室外道路、广场、停车场、公共厕所等公共区域的日常保洁。③ 保绿服务：提供绿地养护服务，保持区域整体的景观效果，包括对绿地植栽的修剪补栽、松土除草、除虫施肥等。④ 维保服务：提供房屋及设施设备日常维护保养工作，确保公共设施设备的正常运行，主要包括房屋管理与维修养护、共用设备管理（给排水设备管理、供电设备管理、弱电设备管理、消防管理）、共用设施的管理等。

（2）根据相关法律、法规，结合园区实际情况，对影响园区公共环境的各项环境因素进行识别和控制，制定环境管理措施。

（3）对自然灾害、事故灾害、公共卫生事件和社会安全事件等突发公共事件建立突发事件应急处理预案，并组织实施培训、演习、评价和改进，事发时按规定途径及时报告客户和有关部门，并采取相应措施。

（4）专项运维服务：运营维护范围内的市政道路（若有）路基、路面、雨水管网、桥涵、路灯、交通设施、公用设施等运营维护；园区建筑物内电梯（若有）专项维保；园区变配电设备专项维保。

当正常维护无法继续维持项目正常使用或按养护技术规范或行业通行标准需要进行大修的，应按照国家相关规定和行业惯例，由相关方另行筹措资金实施。

第二节 考核指标

根据产业园区一般发展特征,将园区运营(竣工交付运营为起始点)全生命周期划分为三个阶段,即培育期(运营期第1～3年)、发展期(运营期第4～5年)、成熟期(运营期第6年及以后)。考核评价指标设置以园区运营全生命周考核需要为基础,结合不同发展阶段,通过考核指标权重的调整分配,以达到合理设置园区在不同阶段的考评侧重点。

考核评价指标由基础工作指标、产业招商发展指标、园区基础运维指标、园区增值服务发展指标四类指标构成。下设12项分指标,由定性指标和定量指标组成:

(1) 基础工作指标:主要考核产业园区运营管理基础保障工作的运行情况。由组织保障工作、制度管理工作、客户关系维护工作3项分指标组成。

① 组织保障工作。主要从园区运营管理工作计划制定情况、计划执行落实效果、日常工作例会召开三方面进行评价。

② 制度管理工作。主要从园区管理制度建设、制度贯彻落实两方面进行评价。

③ 客户关系维护工作。主要从政府关系维护、入园企业关系维护两方面进行评价。

(2) 产业招商发展指标主要考核产业招商进度及入园企业质量情况。由园区产业招商率、园区招商入住率、入驻企业投产率、入驻企业发展质量4项分指标组成。

① 园区产业招商率。以签订正式投资协议或租赁合同为准。

② 园区招商入住率。以入园企业在本地注册并纳税申报为入驻标志。

③ 入驻企业投产率。以企业试投产运行为标志。

④ 入驻企业发展质量。以亩均产值、亩均税收为衡量标准。

（3）园区基础运维指标主要考核产业园区的管养维护的达标情况。由对物业公司的监督管理质量、园区运维质量2项指标组成。

① 对物业公司的监督管理质量。主要从物业公司派驻团队的构成及运行情况、运维记录档案管理、运维月度报告的出具三个方面进行评价。

② 园区运维质量。以政府方对园区的运维绩效考核结果为依据进行评价。

（4）园区增值服务发展指标主要考核园区运营增值服务发展及创收，以及产业运营服务费回款情况。由增值服务构建与园区发展实际需求的匹配度、增值服务创收目标完成情况、产业运营服务费回款情况3项分指标组成。

① 增值服务构建与园区发展实际需求的匹配度。主要从增值服务开设内容、盈利能力、资源整合三方面评价。

② 增值服务创收目标完成情况。以年度增值创收计划任务指标为标准进行衡量。

③ 产业运营服务费回款情况。以年度产业运营服务费回款计划任务指标为标准进行衡量。年度产业运营服务费回款包括基础招商费、税收分成、固定资产投资奖励、租售溢价分成、增值

服务创收等。

（5）一票否决。产业园区内发生重大安全生产事故的，考核为不合格。

第三节　考核的科学性与有效性

绩效考核是对产业园区发展成果的一种阶段性评价，目的是通过考评与激励相结合，促进工作抓落实、业绩出成效，从而推动产业园区能有效释放活力，更好地发挥产业园区服务地方经济发展的功能价值，园区运营服务商也能从中获得更多收益。但现实情况是，很多产业园区的绩效考核工作也仅仅停留在形式上，考评设计往往缺乏科学性和针对性，甚至有些园区根本没有绩效考核。同时我们也应该要意识到，考核不是目的，只是手段而已，因此产业园区的绩效考评要从实际出发，科学合理地设计考核考评制度。

首先，考核指标的设置应遵循导向性要求。考核主体不同，考核对象不同，考核阶段不同，考核目的不同，都对考核指标的设置产生重要影响。在制度设计上，考核主体可以在制度框架下，依据指标重要性原则，选择最具代表性、最能反映考评要求的绩效考评指标，建立多维度、多层级的指标考核体系。

其次，要结合不同类型的园区，设置不同的考核指标。功能定位不同，产业导向不同，发展阶段不同，考核指标也应有所不同，指标权重分配也应有所差异，总体上要依据分类指导、差异结合的原则,降低一般性指标权重,提升功能性指标权重,重点要突出发展质量考核指标,以发挥考核指挥棒作用,引导园区发展方向。

再次,考核评分标准要合理、可量化。在评价指标体系、指标权重确定的情况下,评分标准是直接影响评价结果的关键因素。考核指标量化的方法有统计结果量化法、目标达成情况量化法、频率量化法、分段赋值量化法、强制百分比量化法、行为锚定量化法、关键行为量化法、时间维度量化法、结果维度量化法、行动维度量化法等,对考核指标可能出现的结果进行科学分段、合理赋分,以使考核实操环节容易实施。

最后,考核要保持公开透明、客观公正,定量与定性相结合,把年终考核、季度考核等定期考核与平时的临时考核结合起来,注重实绩、实效。

第四节 考核标准

一、综合绩效考核

考核指标实行百分制,考核结果分为 A 优秀(90 分以上,含 90 分)、B 良好(75 分至 90 分,含 75 分)、C 合格(60 分至 75 分,含 60 分)、D 不合格(60 分以下)四类。四类指标分数之和即综合评价最后得分。具体评分标准详见表 10.1。

表 10.1 产业园区运营综合绩效考核评价体系表

考核指标		评分标准	权重		
			培育期	发展期	成熟期
产业招商发展	产业招商率	以年度产业招商任务指标为标准（不低于政府方当年考核标准）。 产业招商率 = 实际完成招商面积/年度招商任务面积 × 100%。实际完成招商面积以签订正式投资协议或租售合同为准。 得分 = 100 分 × 产业招商率	25%	10%	0%
	招商入住率	招商入住以入园企业在本地注册并纳税申报为入驻标志。 招商入住率 = 累计在本地注册并纳税申报企业租售面积/累计实际完成招商面积 × 100%。 得分 = 100 分 × 招商入住率	10%	5%	0%
	入驻企业投产率	以企业试投产运行为标志。 入驻企业投产率 = 累计试投产企业租售面积/累计入住企业租售面积 × 100%。 得分 100 分 × 入驻企业投产率	5%	10%	0%
	入驻企业发展质量	以政府方要求的园区亩均产值、亩均税收的最低要求为衡量标准。 园区亩均产值 =（当年已投产企业实际产生的累计产值/已投产企业累计厂房租售面积）× 容积率 × 667； 园区亩均产值 =（当年已投产企业实际	5%	5%	10%

续表

考核指标		评分标准	权重		
			培育期	发展期	成熟期
		产生的税收/已投产企业累计厂房租售面积)×容积率×667。 亩均产值、亩均税收两项指标均达标的,计100分;其中一项指标达标的,计50分;两项指标均未达到的,计0分			
园区增值服务发展	增值服务构建与园区发展实际需求的匹配度	满分100分,按以下标准实行打分:增值服务开设符合入园企业实际需求及集团公司对增值服务创收的目标要求,积极整合第三方资源形成服务外包,使开设的增值服务有能力开展,并能实现创收。若有不符合要求的,按每项扣减5分计	0%	5%	10%
	增值服务创收目标完成	以集团公司下达的年度增值创收任务指标为标准。 得分=100分×实际完成增值服务创收/年度增值服务创收任务	0%	5%	10%

续表

考核指标		评分标准	权重		
			培育期	发展期	成熟期
	产业运营服务费回款	以集团公司下达的年度产业运营服务费回款任务指标为标准。 年度产业运营服务费回款包括基础招商费、税收分成、固定资产投资奖励、租售溢价分成、增值服务创收等。 得分=100分×实际完成产业运营服务费回款/年度产业运营服务回款任务	5%	5%	15%
园区基础运维	对物业公司的监督管理质量	满分100分,按以下标准实行打分: (1)物业公司派驻团队管理机构健全,人员数量按照物业服务合同要求配置,人员年龄结构合理,精神面貌良好;物业服务相关制度健全,园区管理规范、有序。不符合要求的,每项扣减5分。 (2)按照运维手册进行运维管护,管护记录翔实、清晰,归档管理规范。若未按运维手册执行运维管护工作,缺项一次扣5分;管护记录不符合要求的,每项扣减5分;归档管理不规范的,扣减10分。 (3)按时按质出具运维月度报告。若有缺项或不符合要求的,按每项扣减5分计	15%	15%	15%

续表

考核指标		评分标准	权重		
			培育期	发展期	成熟期
基础工作	园区运维质量	以政府方对园区的运维绩效考核结果为依据,满分100分。 考核结果＝优秀,不扣分； 考核结果＝良好,计80分； 考核结果＝合格,计70分； 考核结果＝不合格的,计0分	10%	10%	10%
	组织保障工作	满分100分,按以下标准实行打分： (1)园区运营管理工作计划清晰明确,按照年度/季度/月度进行合理分解。若有缺项或不符合园区发展推进要求的,按每项扣减5分计。 (2)园区运营管理工作按照计划推进。 ① 单月月度计划完成率≥85%,不扣分；70≤单月月度计划完成率＜85%,每月次扣减5分；单月月度计划完成率＜70%,每月次扣减10分。 ② 单季季度计划完成率≥85%,不扣分；75≤单季季度计划完成率＜85%,每季次扣减5分；单季季度计划完成率＜70%,每季次扣减10分。 ③ 年度计划完成率≥85%,不扣分；75≤年度计划完成率＜85%,扣减15分；年度计划完成率＜70%,扣减30分。 (3)日常工作例会(含周例会、月例会)无特殊情况正常召开。若有缺项或不符合要求的,按每项扣减5分计	10%	10%	10%

续表

考核指标		评分标准	权重		
			培育期	发展期	成熟期
	制度管理工作	满分100分,按以下标准实行打分: (1)结合园区自身特征设计园区管理制度,各项制度建设符合园区发展需要,且易推广、易执行,落地性强。若有缺项或不符合要求的,按每项扣减5分计。 (2)应通过公示、上墙、宣传材料等方式公布、宣贯相关园区管理制度,全面执行已公布的园区管理制度,须送达入园企业的,应有相关送达签收记录。若有缺项或不符合要求的,按每项扣减5分计	10%	10%	10%
	客户关系维护工作	客户关系维护含政府关系维护及入园企业关系维护,满分100分。当年客户投诉一次,扣减30分;客户投诉两次的,扣减50分;客户投诉三次及以上的,计0分	5%	5%	5%
一票否决		产业园区内发生重大安全生产事故的,考核为不合格	/	/	/

二、基础运营维护质量绩效考核

在涉及园区运维质量方面,具体考核内容及评分标准可参考

表 10.2。

表 10.2　园区基础运营维护质量绩效考核指标表

考核项目		基准分	基本要求	扣分标准
一、设施日常维护（44分）	房建主体	4	（1）保证各建筑设施主体结构完好，屋面无漏水，地面、墙面、各层天花板无开裂、破损、脱漆等现象，面砖、地砖平整，建筑物外立面完好，整洁美观，门、窗、玻璃、锁等设施及配件无缺损、毁坏，保持正常使用状态。 （2）每年对建筑设施至少进行一次检查，涉及使用安全的部位每季度检查一次，修理并保持相关记录	每发现1处不合格扣0.5分，最低得0分
	道路设施	4	（1）路面平整完好，无坑洞、沉陷、壅包、开裂、车辙等现象。 （2）人行道平整完好，无沉陷、松动、拱起、缺损等现象。 （3）路牙完好，无明显缺损现象。 （4）路名牌、其他各项标牌设置规范，标牌无倾斜、破损、污渍等；标识无错误、标牌无缺失等	每发现1处不合格扣0.5分，最低得0分

续表

考核项目		基准分	基本要求	扣分标准
	生活供水	4	(1) 泵房设备运行情况每日检查1次；地下室、管道井等部位明装管线、阀门巡查每月1次。 (2) 水泵、阀门进行全面检查、检测、保养每年1次，保证正常供水；水泵润滑点注油每月1次，水泵、管道等除锈、防腐、刷漆每年至少1次。 (3) 水箱、水池每年清洗2次，检查保养附属配件，并对水质进行化验，二次供水水质符合国家饮用水标准。 (4) 水箱、水池管理具备一箱一卡；上人孔盖板完好并加锁；溢流管口安装防护网并完好；每年秋冬季对暴露水管进行防冻保温处理，确保供水的安全性。 (5) 泵房环境整洁，通风良好，无杂物存放，能有效防蛇鼠等小动物进入	每发现1处不合格扣0.5分，最低得0分
	雨污水排放	4	(1) 公共污水管道每年检查1次，视情况进行清通，排水畅通。 (2) 雨水管道、化粪池等部位每半年检查1次，视情况进行清通，排水畅通，无堵塞。 (3) 污水提升泵检查保养每年1次，对化粪池进行清挖、清抽，集水坑定期清理。	每发现1处不合格扣0.5分，最低得0分

续表

考核项目	基准分	基本要求	扣分标准
		(4) 雨季前对屋面天沟、落水口及雨水管进行清理清挖。 (5) 不定期对铸铁雨污水井盖、明装雨污水管道进行除锈、刷漆,损坏井盖及时更换	
供配电	4	(1) 每日1次对设备运行状况进行检查,低压配电室可每月巡查1次。 (2) 高低压配电柜、变压器每年1次检修除尘,按要求对高低压配电设备、绝缘工具进行打压检测。 (3) 配电室安全标识、安全防护用品齐全,通风照明良好,能有效防止蛇鼠等小动物进入;无有毒有害危险品及杂物存放,环境整洁。 (4) 无自身系统故障引起的计划外大面积停电	每发现1处不合格扣0.5分,最低得0分
公共照明	4	(1) 院落、楼道照明巡查每月1次,及时修复损坏的开关、灯口、灯泡;保持公共照明灯具清洁,亮灯率90%以上;院落照明灯按时开启,满足使用要求。 (2) 公共照明系统控制柜、线路、灯具综合检修每年1次,控制柜工作正常,无损坏组件;灯具基本无损坏、无变形、无锈蚀,完好率85%以上	每发现1处不合格扣0.5分,最低得0分

续表

考核项目		基准分	基本要求	扣分标准
	消防系统	4	(1) 火灾自动报警系统运转正常。 (2) 自动喷水灭火系统运转正常。 (3) 消火栓箱系统运转正常。 (4) 应急系统运转正常。 (5) 干式灭火器配置规范、数量满足要求,定期更换。 (6) 防火门按照消防规范使用。 (7) 消防广播系统运转正常。 (8) 安全疏散通道畅通、标识清晰醒目	每发现1处不合格扣0.5分,最低得0分
	电梯	4	(1) 电梯设备运行情况每日巡查1次,建立记录。 (2) 保证电梯24小时运行,轿厢内按钮、照明灯具等配件保持完好,轿厢内整洁。 (3) 委托专业电梯维保单位按质监部门要求定期对电梯进行保养,每年进行安全检测,并在轿厢内张贴《年检合格证》。对维保单位保养工作进行监督,保存相关记录。 (4) 电梯发生故障,物业管理人员应及时通知电梯维保单位,并督促维保单位对故障进行修复,一般性换件维修1日内完成,较为复杂维修3日内完成;发生困人或其他重大事故,物业管理人员应立即通知电梯维保单位,并在15分钟内到达现场,开展应急处理,协助专业维修人员进行救助;物业服务企业保存相关记录	每发现1处不合格扣0.5分,最低得0分

续表

考核项目		基准分	基本要求	扣分标准
	安全防范设施	4	(1) 监控系统,做到: ① 设备设施24小时运转正常,实现对管理区域的有效监控,画面齐全、清晰。 ② 按设备随机使用说明书的要求对硬盘录像机、摄像机等设备进行检修保养。 ③ 设备出现故障,能及时修复。 (2) 门禁系统,做到: ① 每周巡视1次,保证系统工作正常。 ② 门锁、对讲主机检查保养每季1次。 ③ 一般性故障2小时内修复;较为复杂的故障2日内修复。 (3) 电子巡更,做到: ① 调试保养每季1次,保证正常运行。 ② 保持巡更时间、地点、人员和数据的显示、归档、查询及打印功能正常,巡更违规记录提示功能正常。 (4) 周界防范系统,做到: ① 主机除尘,压线端子牢固,每年对射探头牢固性检查1次。 ② 报警系统有效性测试每周1次,中心报警控制主机能准确显示报警或故障发生的信息,并同时发出声光报警信号。 ③ 系统发生故障,一般性故障1小时内修复,较为复杂的故障24小时内修复	每发现1处不合格扣0.5分,最低得0分

续表

考核项目		基准分	基本要求	扣分标准
	供热设施	4	(1) 每年在供热开始前完成采暖供热系统的年度检修保养工作。 (2) 供热季节,供热交换站内应设24小时值班人员,每6小时对机房和设备巡视一次,并做好设备运行记录,及时发现和处理设备的各类故障隐患	每发现1处不合格扣0.5分,最低得0分
	景观配套附属设施设备	2	(1) 每日按时开启;每月检查1次,发现损坏及时修复。 (2) 重大节日前对景观附属设施设备进行安全功能检修,保证各项设施运行正常	每发现1处不合格扣0.5分,最低得0分
	环卫设施	2	(1) 垃圾中转站建筑结构完好,电力、通风、除尘等附属设施完好,处于正常、安全使用状态。 (2) 公厕内外墙面、地面、天花板等保持完好,无开裂、破损、剥落等现象,门窗玻璃及隔离板等完好无破损,照明、通风、排水、除臭、冲水、照明、洗手等附属设施及门板、挂衣钩、便器无损坏,保持正常使用状态。公厕管理间不得改变使用功能;公厕标识牌整洁、规范,设置明显。 (3) 废物箱定位设置,对陈旧或破损的废物箱及时进行维修或更换,保证完好率不低于95%	每发现1处不合格扣0.5分,最低得0分

续表

考核项目		基准分	基本要求	扣分标准
二、绿化养护（8分）	绿化养护	6	（1）对草坪、花卉、树篱、树木定期进行修剪、养护，保持观赏效果。 （2）定期进行松土、清除绿地杂草、杂物，杂草面积小于10%。 （3）对花卉、草坪、绿篱、乔灌木等适时补植更新，存活率达到90%，土地裸露面积小于10%。 （4）适时进行防冻保暖，定期喷洒药物，预防病虫害。 （5）树木侧枝分布基本均匀，不影响车辆行人通行，与建筑架空线路无刮擦	每发现1处不合格扣0.5分，最低得0分
	环境布置	2	（1）绿化总体布局合理，乔、灌、花、草配置得当，层次丰富，视觉效果良好，满足居住环境需要，无侵占现象。 （2）绿地设施及硬质景观保持常年完好，无人为破坏现象。 （3）设有景观湖的，保持三季有水，每年春季投放观赏鱼苗，水质良好，每月至少补水1次，每年清淤1次。 （4）重大节日或庆典活动，对公共区域进行花木装饰。 （5）加强绿化宣传，对古树名木，保护措施到位，使其生长正常；对稀有树木进行挂牌标识，注明其名称、科属、产地、生长习性等	每发现1处不合格扣0.5分，最低得0分

续表

考核项目		基准分	基本要求	扣分标准
三、清扫保洁 (15分)	外围保洁	3	(1) 道路每日清扫1次,目视无明显杂物、污迹和积水;雨雪天气及时清扫主要道路,方便出行。 (2) 绿化带每2日清洁1次,秋冬季节或落叶较多季节增加清洁次数,目视无杂物。 (3) 水景开放期内,每2日清洁1次,水面无明显漂浮物。 (4) 休闲娱乐、健身设施每2日擦拭1次。设施表面干净,地面无杂物。 (5) 3米以下庭院灯、草坪灯每月清洁1次,目视干净。 (6) 标识、宣传牌、信报箱、景观小品:每月清洁1次,目视干净。 (7) 天台、明沟、上人屋面每2月清洁1次,排水顺畅,无垃圾堆放。 (8) 设有公共卫生间的,每日清洁1次;每月1次对公共卫生间进行消杀	每发现1处不合格扣0.5分,最低得0分
	楼内保洁	3	(1) 楼层通道和楼梯台阶,每日清洁1次,地面每周湿拖1次。 (2) 楼梯扶手、栏杆、窗台、防火门、消火栓、指示牌等每周清洁1次。 (3) 天花板、公共灯具、墙面、踢脚线每季清洁1次。 (4) 共用门窗玻璃,每2月擦拭1次,目视干净。	每发现1处不合格扣0.5分,最低得0分

续表

考核项目		基准分	基本要求	扣分标准
			(5) 电梯轿厢地面每日清洁1次,目视干净。 (6) 垃圾桶垃圾及时清倒,烟灰缸及时清洗,保证无烟头、脏物等	
	垃圾收集与处理	3	(1) 应设置生活垃圾集中投放点,垃圾日产日清,周围地面无散落垃圾。 (2) 建筑垃圾设置临时垃圾池,集中存放,定期外运。 (3) 垃圾桶、果皮箱每月清洁2次	每发现1处不合格扣0.5分,最低得0分
	卫生消杀	2	蚊、蝇、蟑螂孳生季节每月消杀1次,其他根据季节和当地情况制定具体计划;灭鼠每半年进行1次,无明显鼠迹	每发现1处不合格扣0.5分,最低得0分
	公厕保洁	2	(1) 公厕内采光、照明和通风良好,无明显臭味。 (2) 公厕内墙面、天花板、门窗和隔离板无积灰、污迹、蛛网,无乱涂、乱画,墙面光洁。 (3) 公厕外墙面整洁。 (4) 公厕内地面光洁,无积水。 (5) 蹲位整洁,大便槽两侧应无粪便污物,槽内无积粪,洁净见底	

续表

考核项目		基准分	基本要求	扣分标准
			(6) 小便槽（斗）无水锈、尿垢、垃圾，基本无臭；沟眼、管道保持畅通。 (7) 公厕内照明灯具、洗手器具、镜子、挂衣钩、冲水设备无积灰、污物。 (8) 公厕外环境整洁，无乱堆杂物。公厕四周3～5 m范围内，应无垃圾、粪便、污水等污物。 (9) 定期喷洒灭蚊蝇药物，有效控制蝇蛆孳生，公共厕所内基本无蚊蝇等昆虫。 (10) 吸粪车清吸作业后，及时盖好井盖，化粪井周围整洁无粪迹	每发现1处不合格扣0.5分，最低得0分
	公厕文明服务	2	(1) 设置导向标志牌、管理守则、卫生质量标准和投诉电话悬挂于墙上醒目位置，便于市民监督。 (2) 公共厕所要有专人管理，管理人员应保持衣冠整齐，有明显所属单位标志；文明作业、礼貌服务。 (3) 保洁工具使用完毕应整齐存放在不显眼的位置或存放在工具房（箱）内；不得将保洁工具放在便器、洗手盆或楼梯。 (4) 供洗手用的水龙头不得用于保洁作业。 (5) 管理人员工作室、工作台保持整洁美观。	每发现1处不合格扣0.5分，最低得0分

续表

考核项目		基准分	基本要求	扣分标准
			(6) 不得占用或妨碍残疾人公共厕所的正常使用。 (7) 公厕每天应全面冲洗两次以上并随时保洁	
四、安全保卫(8分)	安全保卫	8	(1) 维持正常安保人员,主要负责门岗控制工作、安全监控工作、车辆疏导工作、巡视检查工作、出入登记管理、消防管理、公共安全、突发事件管理等。 (2) 门岗室美观整洁,人员统一着装,设专人24小时值勤,其中主出入口不少于12小时立岗值勤。 (3) 对本区机动车出入验证;对外来机动车登记换证。 (4) 按照规定路线和时间进行24小时不间断巡逻,不少于12次,对园区重点部位每小时巡查一次,并做好巡查记录。巡逻过程中对可疑人员进行询问,发现火警或治安隐患、事故及时报告有关部门。 (5) 保证设备正常运转,负责园区物业机电设备的日常维护保养工作	每发现1处不合格扣0.5分,最低得0分

续表

考核项目		基准分	基本要求	扣分标准
五、管理体系及安全生产（21分）	管理体系	组织机构	1	成立并维持运营维护小组，主要管理人员、产业运营服务人员、维修人员、日常巡视人员、安全人员等人员配备齐全	每发现1处不合格扣0.5分，最低得0分
		运维手册和日常运维记录	2	运营维护手册内容全面并及时更新，产业运营计划安排科学合理并有效执行，管理方法科学有效，维修、故障排查和应急方案切实可行，具备可操作性；按照手册运营维护，并对运营维护进行相应的记录	每发现1处不合格扣0.5分，最低得0分
		资料档案的收集与归类整理	2	各类图纸、设施清单、技术档案、维修资料、巡查记录、检测资料、制度建设、年度计划及规划定制等资料规范齐全，保存完好	每发现1处不合格扣0.5分，最低得0分
	日常管理	工作计划	2	(1) 有完善的维护管理制度、巡查制度、资料管理制度等。 (2) 工作计划科学合理且能指导维护工作，相应措施具体且有针对性。 (3) 严格按照工作计划实施日常维护管理工作。 (4) 相关台账及其他维护资料齐全	每发现1处不合格扣0.5分，最低得0分

续表

考核项目		基准分	基本要求	扣分标准
	人员、设备及技术培训	2	(1) 人员数量、资质不符合要求的。 (2) 巡查车辆、设备数量、质量不符合要求的。 (3) 不按规定使用车辆、设备的	每发现1处不合格酌情扣1分,最低得0分
	专项资金	1	养护费足额用于绿化养护管理,有专项资金的使用计划以及相关财务台账	每一项不合格酌情扣1分,最低得0分
	群众监督	2	(1) 群众投诉举报的。 (2) 因管理保洁不到位被媒体曝光的	发生1次扣1分,最低得0分
	整改情况	2	(1) 周期性巡检,发现问题及时维修。 (2) 接到反映,可以快速及时处理问题。 (3) 对监管单位提出的整改要求不执行或整改不到位的	视情况扣1~2分

续表

考核项目		基准分	基本要求	扣分标准
安全生产	安全制度	2	有健全的安全管理机构、安全规章管理制度、安全检查记录	视情况扣1~2分
	事故安全	3	发生一般事故的,每一起扣2分;发生较大事故的,每一起扣3分;发生重大事故或特别重大事故的,提前终止合同。注:事故级别参照《中华人民共和国国务院令第493号《生产安全事故报告和调查处理条例》》执行	每发现1处不合格扣1分,最低得0分
	安全检查	2	当年内,安全设施或系统(包括消防、卫生、治安等)经有关部门(安监、公安、消防等)检查全部合格的,得2分;若经有关部门检查不合格的(以有关部门发出的责令整改或处罚通知书为准),每一次扣1分,最低得0分	每发现1处不合格扣1分,最低得0分

续表

考核项目		基准分	基本要求	扣分标准
六、入园企业满意度（4分）	入园企业满意度	4	聘用第三方机构对入园企业进行满意度调查，根据调查结果进行考核	满意度：<60%扣4分；60%～70%扣3分；70%～80%扣2分；80%～90%扣1分；90%～100%不扣分
合计		100		

后　　记

　　本书收笔之日,恰逢笔者所住小区疫情解封当日。腰膝酸软、眼睛肿胀,刹那间感觉多写一字半句都属"叠床架屋",本想就此搁笔,奈何窗外"秋水滴云、雁点青山"的好天气,又点燃了还要多说几句的冲动。简单表达几层意思,为自己为他人。第一,本书写作过程虽几经波折,最终得以成书,真要"感谢"疫情所带来的外部性约束,让笔者有抽身梳理和俯身思考的机会,让"一个阶段完成一个新目标"的自我激励能够付诸实施。第二,本书的编写原来只有一个整体架构和些许基础资料,不动笔则已,写起来才知道要填充的内容很多。其间多少回就像坠入了"无边黑洞",莫名的恐惧感和知难而退的想法一次次浮现。于是边写作边思考,越思考越复杂,以至于从结构到内容反复折腾。如果意念稍一松弛,本书可能就永远停留在"未完待续"状了。懈怠时,我时常翻开记在笔记上、常用来鼓励别人鞭策自己的话:"何以升华,沉淀。何以犒赏人生,再上征程。"无论如何,能坚持到今天,我也要为努力跑完最后一公里的自己点个赞。第三,本书写作过程中,得到了许多新朋故旧的热情支持和鼓励,他们的一句话、一个创意、一个故事甚至一个提醒,有时候都让会我眼前一亮、茅塞顿开。他们的友善、规劝和期待,是驱动我前行奋进的不竭动力。在此,我要再念叨一遍他们的名字,他们分别是:范恒森、曾金结、严长勇、陈忆雨、徐富杰、金洋,以表达我最真诚的谢意。本书中相关案例和资料收集,得到九洲基业股份有限公司等相关单位的大力支持和协助,在此一并表示感谢。

  以此记之。

编者